De la calle al mundo

Recorridos, imágenes y sentidos en Fuerza Bruta

Adriana Libonati – Alcira Serna

De la calle al mundo

Recorridos, imágenes y sentidos en Fuerza Bruta

Argus-*a*
Artes & Humanidades
Arts & Humanities

Buenos Aires, Argentina - Los Ángeles, USA
2021

De la calle al mundo. Recorridos, imágenes y sentidos en *Fuerza Bruta*

ISBN 978-1-944508-38-8

Ilustración de tapa: Gentileza de las autoras, tomada por Alicia Serna.
Diseño de tapa: Argus-*a*.

© 2021 Adriana Libonati – Alcira Serna

All rights reserved. This book or any portion thereof may not be reproduced or used in any manner whatsoever without the express written permission of the publisher except for the use of brief quotations in a book review or scholarly journal.

Editorial Argus-*a*
16944 Colchester Way,
Hacienda Heights, California 91745
U.S.A.

Dedicado a:

Mis hijas y nietos

Alejandro y mis hijas

Agradecimientos:

Carlos Fos

INDICE

Prefacio	*i*
Antes…	1
Gestación y nacimientos	2
Los antecedentes grupales en "Wayra"	6
Las formas expresivas nacen pronto	8
La poesía del aire	16
Las palabras anteriores	23
Los espectáculos en acción:	27
La fuerza del viento: *Wayra*	29
El aniversario se festeja en la calle	37
El escenario fue el Obelisco	43
Lo que se dijo de Fuerza Bruta	59
Desde los ojos de los otros	63
Palabras finales	69
Bibliografía	71

PREFACIO

Adriana Libonati y Alcira Serna, investigadoras y docentes de sólida formación, especializadas en teatro argentino, nos ofrecen en este volumen un pormenorizado estudio sobre *Fuerza Bruta*, compañía teatral multidisciplinaria que propone un lenguaje experimental e innovador, de gran impacto visual y sensorial.

El recorrido comienza con sus orígenes, que se remontan a *La Negra*, devenida luego en *La Organización Negra*. La agrupación aparece como emergente del furor creativo de los años 80, que celebraba el inminente final del tiempo más oscuro y siniestro de nuestra historia y el advenimiento de la democracia, vivenciado como un tiempo inaugural, de optimismo y esperanza, de vanguardia e innovación cultural. La libertad de expresión, el regreso de artistas e intelectuales exiliados y la apertura al mundo eran signos de una nueva época, en la que el cruce entre arte y política adquiría un significado diferente. La cultura se asumía entonces como un espacio de reflexión y debate, de producción de discursos críticos de un notable compromiso social y político, que no consistía única ni necesariamente en la explicitación directa, sino más bien en la elección de determinados procedimientos compositivos, valores ideológicos y estéticos, en "disposiciones de los cuerpos en acción ante un público reunido". En este sentido sugiere Rancière que la experiencia estética "se roza con la política porque ella también se define como experiencia del disenso" (2017: 62).

La investigación se adentra en los momentos más significativos de la trayectoria artística de *La Organización Negra*, que condensa precisamente esa necesidad de un nuevo comienzo, esa voluntad de ruptura con los cánones establecidos, con los códigos de lectura normativos, con las divisiones estancas entre los géneros artísticos. En este contexto, el estreno de *UORC* supuso un replanteo de las tradicionales categorías de análisis a partir de las cuales la crítica y la teoría teatral abordaban el hecho escénico. Posteriormente se dio a conocer *La Tirolesa- Obelisco*, performance que no solo implicó la completa consolidación y legitimación del grupo en el campo teatral porteño, sino que puso al descubierto dos de los rasgos que se convertirían en constantes en las poéticas de *De La Guarda* y, más tarde, de *Fuerza Bruta*: el trabajo en alturas y la centralidad del cuerpo. Un cuerpo considerado en su dimensión artística y política al mismo tiempo, un cuerpo intensificado en su presencia y en su materialidad que, según las autoras, "se vuelve más expresivo, acercándose más a la idea de *performer*.". Desestimando entonces la representación mimética de un personaje, el *performer* de *Fuerza Bruta* ofrece su presencia en primera persona e incluye al espectador en su devenir artístico, interpelándolo y haciéndolo partícipe del acto creativo y del juego escénico.

El estudio se extiende además a la trayectoria de *De La Guarda*, una de las formaciones creadas a partir de la separación de la agrupación inicial, para centrarse finalmente en *Fuerza Bruta*, compañía surgida como proyecto independiente de *De La Guarda*.

Con una visión integral del fenómeno artístico, siempre en diálogo con el contexto social, se exploran las relaciones y los elementos de continuidad y de cambio entre las tres compañías, tanto en lo que respecta al plano estético como en lo que atañe al plano ideológico. Como sabemos, toda performance constituye en sí misma un acto de transgresión y provocación, que parodia y desarticula las políticas hegemónicas de representación y que produce una visión crítica acerca de la realidad. A propósito de esto, señalan Libonati y Serna que

> En los antecedentes de *La Negra* y *la Organización Negra* la temática se refiere directamente a una crítica a la última dictadura cívico-militar. Con el paso de los años se transforma en una denuncia centrada en el individuo y la sociedad.

A continuación, el texto se adentra en un estudio detallado y completo de la poética de *Fuerza Bruta* a través de sus creaciones artísticas, entre las cuales se dedica una especial atención a *Wayra*, espectáculo paradigmático que condensa sus principios más característicos. El análisis se detiene en los aspectos más significativos del trabajo de los *performers*: el entrenamiento, la interacción con el espectador, el tratamiento del espacio, el despliegue escénico de acciones que requieren una gran destreza física, la transdisciplinariedad. Y es justamente la experimentación con distintos lenguajes expresivos, que abrevan tanto en lo artístico como en lo tecnológico, lo que pone en evidencia el carácter liminal de las propuestas artísticas de *Fuerza Bruta*, su continuo deslizamiento por zonas fronterizas entre diversas artes, que desbordan los compartimientos genéricos y amplían la noción de teatro.

Resulta sumamente interesante la reflexión acerca de la participación del grupo en eventos sociales e institucionales multitudinarios -los festejos por el Bicentenario de la Revolución de Mayo, el 25 de mayo de 2010, y los Juegos Olímpicos de la Juventud, en 2018- como así también la interpretación de las lecturas que los medios periodísticos propusieron acerca del primero. Observan en este sentido las investigadoras que

> Esta acción cívica en forma de fiesta y la participación alegórica de este grupo como el pueblo se convierte en una práctica descolonizadora y contrahegemónica que tuvo una visibilización latinoamericana, sosteniendo la visión de la patria grande, producida en este caso desde el Estado argentino.

Al concentrarse en una temática escasamente abordada por la teoría teatral, la investigación de Adriana Libonati y Alcira Serna supone sin duda una significativa contribución a los estudios del teatro argentino. Y lo hace, por un lado, desde una mirada integral que considera al hecho teatral en su complejidad: los procesos de producción, la exhibición y la recepción y, por otro, desde el planteo de una necesaria perspectiva historicista (Pellettieri) que tiene en cuenta el contexto histórico social, pero al mismo tiempo la dinámica propia de nuestro teatro.

En síntesis, una lectura sumamente recomendable y amena, tanto para investigadores como para los aficionados al teatro, para las espectadoras y los espectadores que disfrutan y celebran la experiencia artística -sensorial, emotiva, kinestésica- como un acontecimiento compartido y, al mismo tiempo, como una vivencia única e intransferible.

Silvina Díaz

(CONICET- Universidad de Buenos Aires)

De la calle al mundo

El teatro no es un escenario, butacas y hablar. El teatro es teatro desde hace miles de años y es salvaje. Tiene mucho de celebración

Diqui James

Antes...

En esta época donde todo ha cambiado, las formas expresivas experimentan un nuevo renacimiento. Aunque, sabemos que es muy difícil mostrar en lo digital los cuerpos, su espesor, su carnalidad y sensualidad. Las acciones corporales no están más. Lo digital tampoco lo tiene, en esta amalgama de carencias tenemos que trabajar. Nuestra intención sería buscar en las palabras aquello volátil, efímero, sensible que está en *Fuerza Bruta*.

Antes que el Covid 19 trastocara el mundo, las fronteras claras planteadas por la modernidad se fueron borrando y en esa disolución se van conformando nuevas experiencias en el campo de la expresión artística que ya no pueden definirse a través de las categorías tradicionales de las distintas manifestaciones estéticas. Entre estas formas, en el teatro surgen prácticas no usuales, entre ellas encontramos a *Fuerza Bruta*. El grupo incluye diversas disciplinas que abarcan una amalgama orgánica en las que se van redefiniendo acrobacia, actuación, técnica y tecnología, todas al ritmo de diferentes formas de percusión y música electrónica.

Fuerza Bruta indaga en las relaciones multidisciplinarias. Se sirve de varios lenguajes artísticos, algunos teatrales y otros extrateatrales. Utiliza fundamentalmente dos aspectos: tecnológico y artístico. Sus espectáculos no pueden separarse de su sostén técnico y en algunas propuestas lo informático enaltece o diversifica. Nuestro objeto de estudio es un fenómeno abordable desde las prácticas estéticas del grupo y tomaremos en consideración la serie discursiva plasmada en los distintos espectáculos siguiendo la línea de sus antecedentes, integrantes, materiales, trayectoria, poética, eventos nacionales e internacionales y análisis de obras.

En los días pre pandémicos en que los cuerpos estaban presentes y todavía creíamos que así seguirían empezamos nuestro trabajo sobre *Fuerza Bruta* sin embargo no sabemos siquiera, si volverá o no ese tiempo o, de qué manera lo hará. De todas formas, en este entorno insólito y único que nos toca transitar queremos dar cuenta de esta investigación.

Gestación y nacimiento

El origen de *Fuerza Bruta* fue *La negra*, formación integrada en los años '80 por jóvenes estudiantes de actuación en la Escuela Nacional de Arte Dramático (Buenos Aires – Argentina) y que aspiraban a romper con la tradicional postura del teatro. *La negra* abrirá el camino a la multisectorialidad que los caracteriza. En principio, niega los elementos tradicionales que constituyen el espectáculo teatral: coro, proscenio, laterales, utilizando indistintamente las zonas delimitadas para el actor y el espectador, rechazando la palabra y entronizando la acción. Todo esto para romper con el espectador estereotipado, quieto, silencioso, a oscuras, de mirada dirigida, proponiéndole moverse, sensibilizarse y con la intención de conseguir miradas de dirección propia. Comienzan entonces con intervenciones callejeras a la manera de "piquetes artísticos", definidos por ellos como *escena comando*. Eran actos fugaces, sorpresivos, inmediatos que buscaban alterar la rutina del espacio público. Toda esta etapa se encuentra bajo la dirección de Julián Howard.

En 1985 se renombran como *La Organización negra (LON), Teatro de operaciones*, y estrenan *UORC* (1986) dando inicio a una trayectoria de ruptura e innovación que los hace adquirir renombre internacional. Dada la importancia de este antecedente, nos remitimos a la profundidad y precisión del estudio realizado por Malala González y plasmado en su libro *La organización negra. Performances urbanas entre la vanguardia y el espectáculo.*

> *LON* aportó su propia mirada (...) por el grado de provocación que las caracterizó (a sus intervenciones) como discurso (...) Sus acciones provocadoras pusieron en relieve, develaron o sacaron a la luz aquello que la mirada no alcanzaba a ver (o no quería) dando cuenta de una realidad diferente, no tan delimitada, y que, si bien trataba de estabilizarse, aún seguía presentando contradicciones y grietas. (González; 17,18)

Los intérpretes producen un quiebre con la idea de personaje del teatro tradicional, los suyos son cuerpos expresivos en un aquí y ahora concreto, cuerpos que denuncian, dicen, muestran, presentan. En su tránsito ellos mismos van modificando su rol y lo que comenzó con una clara intención de no repetir las formas teatrales consagradas los lleva a transitar un camino diferenciado. Hay una bisagra que se erige cuando comienzan a trabajar el cuerpo a través de otras técnicas no específicamente artísticas, como el alpinismo y el trabajo en altura. A esta preparación la acompañan con un intenso entrenamiento físico.

Toda esta actividad se concreta en una propuesta espectacular, la creación de *La Tirolesa* (1988). Se inicia entonces una nueva mirada de lo escénico que los va a caracterizar hasta la actualidad. Desde esta visión, el cuerpo se vuelve más expresivo, acercándose a la idea de *performer*. Con la incorporación del trabajo en altura abren una nueva brecha de expresión espectacular que los aleja aún más de lo esencialmente teatral, borroneando sus límites para imbricarse con otras disciplinas. En el caso particular de los intérpretes con lo aéreo-acrobático.

Por eso consideramos que mantienen en profundidad la tradición teatral argentina, no a la manera de homenaje, sino que le dan una vuelta más y lo expresan como palimpsesto al retomar técnicas utilizadas en el circo y que constituyen parte de nuestra historia.

Integran el colectivo vanguardista de los años '80 y su multiplicidad de expresiones, construyendo una nueva forma expresiva, difícil de definir para la época. Fueron un grupo rupturista que determinó la escena nacional de manera radical, cambiando sus modos expresivos, sus espacios posibles de representación y buscando descolocar y cambiar la actitud del público. Consolidan, de esta manera, una expresión propia que los caracteriza e identifica y se mantiene hasta lo que hoy es *Fuerza Bruta*.

En el caso de *LON* y *Fuerza Bruta* los antecedentes pueden rastrearse en la teoría y experiencias prácticas realizadas a principio del siglo pasado por Antonin Artaud con su propuesta de ruptura del espacio convencional y su vinculación con el cuerpo del actor.

> Afirmo que ese lenguaje concreto, destinado a los sentidos, e independiente de la palabra, debe satisfacer todos los sentidos; que hay una poesía de los sentidos como hay una poesía del lenguaje, y que ese lenguaje físico y concreto no es verdaderamente teatral sino en cuanto expresa pensamientos que escapan al dominio del lenguaje hablado. (Artaud; 40)

Este autor también desarrolla su búsqueda estereofónica en materia de sonido y los cuestionamientos al lenguaje escénico enmarcados en su concepto de "jeroglífico". Además, resulta pertinente considerar a mediados del mismo siglo, la obra y concepción poética de Heiner Müller con su principio de fractura, multifocalidad de las acciones y el quiebre de la estructura dramática tradicional que hereda de Bertolt Brecht.

Para *La Organización Negra* el estallido de los sistemas de este tipo de producciones fue signado por la *Fura dels Baus*. El encuentro se produce en el Festival Latinoamericano de Córdoba. *La Organización Negra* ve en la *Fura* un referente valioso, quedan prendados e impactados por la potencia de los catalanes y comienzan a trabajar su estética teniendo esos parámetros como indicadores.

De la calle al mundo

Luego *La Organización Negra* se separa en dos grupos, *Ar Detroy* integrado en 1988 por Fernando Dopazo y Charly Nijensohn y *De la Guarda*, conformado a finales de 1992 con: Pichón Baldinu, Diqui James, Fabio D´Aquila, Gaby Kerpel, a los que se suman nuevos miembros. Expresiones autobiográficas plasman este momento del nacimiento del grupo: *"un deseo irrefrenable de estallar, de expandirnos, de elegir un espacio y tomarlo completamente sin dejar nada fuera del juego"* (Encina Lanús: 2007). Estas intenciones expresivas conllevan lo que va a ser una de las premisas de la compañía desde *La negra* hasta su expresión posterior a través de *Fuerza Bruta*.

En el año 1998, *De la Guarda* estrena *Doma*, espectáculo presentado por el colectivo en el Velódromo de Buenos Aires. En su artículo en *La Nación* Sebastián Clemente relata: *"Colgados en el aire y con el mejor arte de vanguardia, de bajo perfil, el grupo argentino [está] ahora conformado por 35 actores, 25 músicos, 20 técnicos y 15 operadores de luz y sonido"* (27/03/98). Surgiendo aquí algunas características primordiales que estarán presentes posteriormente en *Fuerza Bruta* como ser: un equipo numeroso, con trabajo en altura y al aire libre.

Esta nueva etapa de *De la Guarda* se consolida con su espectáculo *Villa Villa* estrenado en el 2001 en el Centro Cultural Recoleta, en el cual se construye para su estreno un espacio de representación nuevo, que en el futuro albergará otros eventos de características similares. *Villa Villa* se presentó en el Recoleta en 2001, 2002 y 2004, en el 2005 en La Vieja Usina, en el Estadio Newell´s Old Boy´s y nuevamente en el Centro Cultural Recoleta. Recorrió el mundo y cumplió en New York seis temporadas seguidas recibiendo el reconocimiento de la audiencia y la crítica. Su staff estaba integrado por más de 40 personas: músicos, actores, andinistas, técnicos, productores. Para construir estos equipos incluyen artistas, técnicos, músicos de los países donde llevan el espectáculo, incorporan elementos variables y novedosos dentro de cada uno de los lugares donde van de gira. A su vez en cada representación introducen cambios, supresiones, adiciones, que tienen la posibilidad de modificar el tiempo de duración del espectáculo. Es con *De la Guarda* cuando comienzan a plantear el cuidado y la guía del espectador, a través de asistentes del espectáculo que indican hacia dónde ir, qué hacer y qué no, así como también colaboran en lo específicamente técnico. Estas características se afirman y se mantienen al convertirse en *Fuerza Bruta*, grupo que nace en el 2003 y en él permanecen del núcleo original: Diqui James, Gaby Kerpel y Fabio D'Aquila. Merece aclararse que en esta etapa se nutren de nuevos integrantes, como son los casos de Alejandro García como director técnico y de Andrea Mattio como vestuarista, quien desde ese rol colabora en la construcción de una identidad para el grupo.

Fuerza Bruta aporta como novedad la constitución de un sistema de producción asociado con *Ozono Producciones*[1], que se encargará de promocionar, gestionar y vender las presentaciones, especialmente en el exterior. A la manera de lo ya iniciado con *Villa Villa*, conforman elencos de las ciudades que van visitando y en las cuales desarrollan el espectáculo, tomando como referente la experiencia del *Cirque du Soleil*. Esto se mantiene en *Wayra* estrenado en el 2005 en el Centro Municipal de Exposiciones. Este espectáculo también lo expondrán en giras por varias ciudades de nuestro país (Junín de los Andes, Rosario, Mar del Plata, entre otras) y en el exterior: Lisboa, Hamburgo, Londres, Madrid, Barcelona, Nueva York, Beijing.

Los antecedentes grupales en "Wayra"

De la estructura heredada de *La Organización Negra*, en *Wayra* se mantiene la reformulación del espacio que busca a cada momento una interpelación al espectador. Continúan con la ausencia de la palabra, privilegiando la acción de los intérpretes y acentuando por lo tanto su marca identitaria. Ocurre lo mismo con la presencia de lo aéreo que estaba de manera embrionaria en *UORC* (1986). De manera similar al uso de la fuerza del cuerpo, llevada a través de los niveles que proporcionaba el espacio *Cemento* y sus dispositivos de escena: el montacarga por el

---

[1] Ozono Producciones, agencia de Fernando Moya, fundada en 2001, que se dedica a la creación, producción y comercialización de experiencias en vivo, shows y espectáculos con formato de exportación.

cual se traslada al actor y la "máquina" usada para girar al "personaje". Ambos serán un principio de elevación del plano al que luego se sumarán los arneses y el vuelo. La acción de volar y los instrumentos de sostén se fijan como forma expresiva a través de *La Tirolesa –Obelisco-* (1989) y es continuado por *De la guarda*.

Desde los orígenes con *La Organización Negra* lo respectivo al plano sonoro está a cargo de Gaby Kerpel. Para *La tirolesa – Obelisco* la música es creada por medio de sintetizadores que distorsionan el sonido, que se homologa con el comienzo de *Wayra* en *Fuerza Bruta*. Es así que el signo auditivo se constituye como uno de los elementos estructurales. La percusión en *La Tirolesa* marca un ritmo preciso, constante y fundamental. Define el ritmo espectacular, así como también el personal de los espectadores a través de los latidos que nos remonta a lo más primitivo. Establece una unión entre el espectáculo y su público, de la misma forma que lleva a los receptores a las sensaciones que el grupo busca: llegar al impulso o sentimiento que no es atravesado por la palabra. Esta característica sensible, presente en sus antecedentes, es lo que sigue buscando Diqui James, así lo explicita en una entrevista para definir *Wayra* diciendo que *"es un viaje emocional físico, con mucho ruido, mucha música"*.

El uso de la luz acompaña la movilidad de las escenas marcando los distintos espacios y situaciones, este recurso se encuentra presente desde que pasan del espacio abierto (calles-plazas) al cerrado (carpa). La luz recorta, acompaña, enmarca y sugiere. Si bien no buscan crear climas tampoco escapan a ellos. En *UORC,* podríamos hablar de una suerte de semántica por los cenitales blancos que remitirían a la frialdad y dureza de la dictadura, la represión vivida y el ser delatado, interrogado. En *Wayra* se roza también ese espacio, pero además nos lleva a planos oníricos, de ciencia ficción, etc.

En los antecedentes de *La Negra* y *la Organización negra* la temática se refiere directamente a una crítica a la última dictadura cívico-militar. Estas propuestas están atravesadas por la temática de la opresión y la alienación del ser humano y se consolidará en un eje transitado por *De la Guarda*. Con el paso de los años se transformará en una denuncia centrada en el individuo y la sociedad. Esta relación hombre-mundo conforma un hilo narrativo que ha ido recorriendo sus obras como un núcleo primordial. *Fuerza Bruta*, además, utiliza en sus propuestas los cuatro elementos esenciales (tierra, agua, fuego y aire), que ya están presentes en *La Tirolesa – Obelisco*.

Como en todos estos antecedentes, el espacio se reconfigura continuamente al establecer distintos puntos de desarrollo de la escena, así como también transitando entre los espectadores, motivando que el público tenga que moverse y hasta en algunos casos elegir dónde mirar. Es su intención productiva partir de la necesidad de provocar la sensorialidad en el receptor, para así establecer una relación física y emocional por medio del ritmo veloz de la acción y de la música que proponen.

"El espectador está dentro de una realidad extraordinaria. No está emocionalmente a salvo en ningún momento de la obra" expresa Diqui James en *Alternativa Teatral* para definir a *Wayra*. Creemos que esta visión es lo que busca transmitir *Fuerza Bruta* con sus propuestas. Sin embargo, sus espectáculos crean otros intereses que hoy se acercan más a propuestas de entretenimiento, circulación y conocimiento de los espectadores.

Las formas expresivas nacen pronto

Las formas poéticas trabajadas por *Fuerza Bruta*, a pesar de su impactante novedad tienen su germen en prácticas arcaicas de nuestro teatro, las encontramos en las manifestaciones de nuestros pueblos originarios, así como también en el período colonial.

Dice Beatríz Seibel, refiriéndose a la representación del *Hain* de los Selknam[2], la utilización del fuego como efecto especial en la ritualidad comunal era fundamental. Este elemento de la misma forma que el agua

---

[2] Los *Selknam* fueron los habitantes originarios que hasta principios del Siglo XX vivieron en el norte y centro de la isla Grande de Tierra del Fuego, en el extremo austral del continente americano, en Argentina y Chile. Originalmente eran nómadas terrestres, cazadores y recolectores. Su nombre "Selknam", "Selk'nam" o "Dewak" fue el que recibieron por parte de los Tehuelches, pueblo vecino y con el cual tenían relación, mientras que también fueron llamados "Ona" por parte de los Yaganes que habitaron el sur de la isla (su significado se refiere al norte en el idioma Yagán). Luego del genocidio de principios del siglo XX, sobrevivieron descendientes mestizos de este pueblo.

y las representaciones corporales, como la danza y la percusión, y posteriormente, los elementos utilitarios como tambores, bombos, panderos y el vestuario los acompañarán, junto con los iniciales, en el paso de lo ritual a lo expresivo pagano popular. Todos ellos van a estar presentes en las propuestas de *Fuerza Bruta*.

El fuego como elemento lo podemos encontrar en varias de las puestas del grupo. En *Tecnópolis* realizan un espectáculo donde el fuego es protagonista. Tanto como efecto visual rememorando el comienzo de la formación de la tierra, el calor que representa la humanidad y la sabiduría que lleva, trae y simboliza, mientras imprimía una fascinación a los asistentes por su impacto cromático.

Cuando llega la Revolución de Mayo, la nación incipiente presenta diferentes formas de identidad política, una diversidad muchas veces antagónica producía desacuerdos, enfrentamientos y dolores en la conformación del tejido nacional. Como dicen Alicia Aisemberg y Adriana Libonati "esta situación de ambigüedad, carencia y movilidad de la identidad nacional, explicaría que el nuevo gobierno considerara al teatro como un medio poderoso de construcción de un imaginario que fortaleciera los sentimientos de pertenencia social" (Aisemberg-Libonati; 144).

La construcción de ese imaginario nacido en el ideario de nuestros patriotas se representa en la conmemoración del *Bicentenario*. En el festejo de 2010 el teatro nuevamente se convierte en el vector de comunicación con el pueblo, donde se pone de manifiesto el imaginario nacional que nos da pertenencia y participación. La carroza de los pueblos originarios, la de la revolución y la gesta del cruce de los Andes fueron las que se refirieron al período constitutivo. Luego el paso del tiempo lo marcaron los inmigrantes, el tango, la industria, Malvinas, las Madres de Plaza de Mayo hasta llegar a nuestra contemporaneidad. Esta idea de conformación del imaginario vuelve a estar presente en *Olímpicos* que, si bien se circunscribe a la Ciudad de Buenos Aires, realza el tango, las calles, el arrabal, la pebeta, símbolos que nos identifican con la ciudad y lo identitario. En este caso estos emblemas fueron proyectados a nivel mundial por ser los *Juegos Olímpicos de la Juventud* un evento internacional.

A partir del Siglo XVIII y considerando también la función secularizadora de las expresiones misioneras, el teatro de las mayorías empieza a tomar una injerencia destacada. Los bailes, las destrezas corporales son exhibidas y aplaudidas por el público y consideradas por los empresarios. Laura Mogliani y María de los Angeles Sanz expresan:

> además del teatro, el público porteño podía recrearse ocasionalmente con otras formas espectaculares cercanas a lo teatral, como era el caso de los volatineros que presentaban números de acrobacia, equilibrio, prestidigitación, pantomimas y bailes, así como funciones de títeres y sombras chinescas. (Mogliani-Sanz; 130-131)

Fuerza Bruta recrea desde nuestro tiempo estas formas acrobáticas que se presentaban en el teatro colonial y revolucionario. Si bien somos conscientes que el grupo extrema las posibilidades de aquellos tiempos, mantiene de manera esencial estas características de nuestras raíces teatrales. Las convierte en un elemento central de su poética a diferencia de las formas circenses iniciales en las cuales la acrobacia, la prestidigitación y la sorpresa eran elementos buscados, pero no primordiales. En *Wayra*, por ejemplo, las destrezas acrobáticas y equilibristas pueden verse en el "vuelo" de los *performers*, el baile en la murga, así como también en la danza compartida por actores y público. En la tradición circense este vuelo de mujeres constituyó como número principal de prestidigitación utilizando un telón de fondo negro que impedía la visión del mecanismo que las sostenía dando la ilusión que estaba suspendida en el aire, en *Fuerza Bruta* son muy impactantes estas mujeres que vuelan tanto en "los angeles" de *Wayra,* como en las abanderadas en *Bicentenario* y *Olímpicos*.

La escalada acrobática de los performers en el caso de *Bicentenario*, la podemos ver en Carroza de la Industria, en la de los Inmigrantes, entre otras. En *Olímpicos* debido a la temática tratada, que no es ni histórica ni de inspiración puramente grupal sino deportiva y mundial, estos recursos expresivos adquieren una densidad prioritaria. Las acrobacias aparecen nuevamente con los atletas *performers* en las escaladas al Obelisco presentando las disciplinas y en los actores haciendo equilibrio en los aros olímpicos. La danza y los tangos porteños atraviesan toda la celebración y en paralelo la iluminación enciende sus leds representando a la ciudad. Hay una reminiscencia de las antiguas sombras chinescas en el uso de las proyecciones digitales sobre el Obelisco, como pueden ser: canoas, ballenas, figuras geométricas, etc. Lo mismo ocurre dentro de la globa entre el cuerpo del performer y la proyección del mundo produciéndose un efecto que rememoraba desde lo actual aquellas ancestrales sombras.

Durante el período colonial muchas adaptaciones de las propuestas traídas de Europa utilizaban los títeres y los muñecos para recrear sentidos por medio de distintos recursos del teatro barroco como "creación de tipos, postura antinatural, entradas a escena desde todas las direcciones" (Mogliani-Sanz; 131). En *Fuerza Bruta* estos tipos humanos y sus posturas antinaturales están presentes en las puestas. En *Wayra* resulta notoria esta característica en la construcción del prototipo del *hombre alienado vestido de blanco* y en los *ángeles que vuelan* donde sus movimientos son completamente antinaturales. Esto se repite en los performers que dan apertura al show colgando de un arnés desde el techo de la carpa balanceándose sobre las cabezas del público o trasladándose en otro momento del espectáculo desde el techo de la carpa por un tubo hasta el piso.

También en *Bicentenario* se hacen presentes *tipos de personajes* en varias de las carrozas donde los acróbatas representan arquetipos de nuestra historia y estereotipos identitarios como pueden ser los casos de los peones de campo con la máquina cosechadora, los inmigrantes con sus vestimentas y canciones, los obreros industriales que trepan por las heladeras, los autos y las máquinas adquiriendo posturas antinaturales para magnificar la acción.

En *Olímpicos* este uso adquiere una nueva significación, al combinarse la estampa del bandoneonista con el movimiento de la plataforma que representa el fuelle. Así mismo incluye a los *performers* con muñecos mecánicos, como en el caso de los ciclistas que suben y bajan por el obelisco. "Estas óperas con muñecos de medidas humanas, constituyen un ejemplo de teatro mecánico donde los autores han sido sustituidos por figuras animadas, autómatas o máquinas" (Mogliani-Sanz; 131) como es el caso de los ciclistas. Las posturas antinaturales en *Olímpicos* son exigidas, mucho más extremas que en las otras dos propuestas. Como el caso de la portadora de la bandera, los patinadores y los ciclistas sobre el obelisco porque el peso de los accesorios y el viento de la noche hizo que soportaran un plus muscular en su cuerpo. Es oportuna esa exacerbación del esfuerzo dado que lo que se representa es la disciplina deportiva máxima.

Archivo de las autoras

En los espectáculos, el espacio al igual que en las puestas iniciales de nuestra tradición teatral se configura y reconfigura continuamente por medio de las entradas y salidas desde distintos ángulos y alturas que conforman diversos niveles. Es decir que son los cuerpos quienes crean el espacio con su presencia. La luz y la música los acompaña y colaboran para armar la magia. Esa magia que siempre tuvo y tiene el teatro, y que además fue un elemento constitutivo en la formación de nuestro teatro con los prestidigitadores, hoy *Fuerza Bruta* los actualiza en el uso de la tecnología. Es ella quien crea universos ideales, implanta y sostiene los espectáculos e impacta, sorprende y enciende la imaginación de los espectadores. Sirve de ejemplo la constitución del circo en nuestro país, como lo fue el Parque Argentino, proyecto iniciado por Santiago Wilde, que consistía en un espacio comprendido en la manzana que hoy ocupan las calles: Córdoba, Paraná, Viamonte y Uruguay y que estaba constituido por jardines e instalaciones para bailar, consumir refrescos, ver teatro al aire libre, juegos de feria, etc. *Fuerza Bruta* lo homenajea al instalar su carpa en el Centro Cultural Recoleta, donde también se puede comer, beber, bailar, conocer gente, además de ver el espectáculo.

Archivo de las autoras

Este espacio se amplía en la Avenida 9 de Julio convertida en escenario e inmensa pista de baile en el *Bicentenario* y en *Olímpicos* donde la música, los fuegos artificiales, los aplausos y las risas se mezclaban con los aromas que brotaban de las parrillas de choripanes.

La otra prehistoria de *Fuerza Bruta* que encontramos en los elementos arcaicos del teatro nacional está por supuesto en el Circo porque sus secuencias constitutivas en la base tienen esta expresión popular como material fundante. En cuanto a la forma, es secuencial y aleatoria al igual que en las propuestas del grupo. El predominio de lo corporal, la utilización de distintos elementos portables para que en su desempeño se realce la destreza artística son utilizados en el mismo sentido que en el circo. Así como en la arena el equilibrista desafía la gravedad, en *Fuerza Bruta* los *performers* desafían además el peso, el viento y la distancia. Los acróbatas de antaño saltaban a través de aros con fuego, los artistas de nuestro hoy arrojan fuego sobre una pared o bien desafían al agua.

Ambos comparten la importancia de la música en vivo, aunque *Fuerza Bruta* incorpora la digitalización musical. El espíritu del circo criollo se hace presente en *Wayra* en la combinación de la pista y el tablado, así como también, en los *Juegos Olímpicos de la Juventud* por medio de la plataforma, el obelisco y el piso.

El final de fiesta, siempre presente en el circo, momento en que los artistas salen a escena con sus atuendos más emblemáticos, cantan, bailan y se dirigen al público, el que agradecido participa confundiéndose con ellos bailando y cantando. Esta es una forma igualadora que le sirve de base a la expresión teatral para luego ir ingresando a otras manifestaciones genéricas como ser: el sainete como pura fiesta, la revista porteña, el teatro callejero y comunitario, el carnaval y el recital. En *Wayra* el "fin de fiesta" produce dos vertientes: el canto y el baile de los artistas con el público y la posibilidad de continuar bailando luego de finalizado el espectáculo en una trasnoche bolichera. Para la conmemoración del *Bicentenario* la fiesta es todo el desfile, con sus lágrimas y risas como significado de la epopeya nacional que finalizó con el festejo popular del público bailando en las calles.

El tema del baile merece un párrafo aparte porque es un elemento sumamente importante. Es la base expresiva humana más arcaica ya que hunde sus raíces en el neolítico con las procesiones religiosas y las danzas de cosechas y enterramientos. Las celebraciones populares siempre se festejan con baile. Para nuestro análisis y teniendo en cuenta la instrumentación con percusión que utiliza el grupo encontramos como índices primarios los bailes de origen africano y sus candombes[3]. Desde principios del siglo XIX que,

---

[3] El término candombe designa tanto la danza como la reunión en la que se danza, por extensión indica el grupo que se reúne para danzar, y lo más importante, *la red de relaciones que se construye sobre los vínculos de solidaridad étnica. (Zayas; 264)*

> los testimonios de la época coinciden en que el baile era la principal diversión de todos los estratos sociales. Desde los fandangos en los burdeles del puerto hasta las tertulias habituales de las familias de alcurnia, se mezclaban los "bailes de la tierra" con las novedades llegadas de Europa, trazando un complejo mosaico de danzas y estilos coreográficos. La escena teatral no podía permanecer ajena al gusto del público. El baile formaba parte obligada de los sainetes hispanos y criollos. (...) Las exigencias de la escena obligaban a una acentuación de su espectacularidad para lucir virtuosismos y nuevas figuras. (Klein; 40)

Es el baile como principio constructivo lo que unió las fiestas Mayas, los desfiles militares, fiestas de carnaval con sus murgas, comparsas y carrozas. En nuestros días las marchas políticas también utilizan el bailar-marchando en sus reivindicaciones, pedidos y reclamos. *Fuerza Bruta*, toma la acción teatral de estas expresiones, porque la danza es una constante en sus puestas.

En *Wayra* no solamente es el baile de los "ángeles que vuelan" o de los acróbatas en la escena sino también el del público durante y al final del espectáculo. En *Bicentenario* el desfile estaba impregnado de baile y se constituye en su columna vertebral. Se suceden los bailes de los pueblos originarios, las danzas populares folklóricas y de los inmigrantes, la coreografía de la industria y la murga. En *Olímpicos* el baile se intercala con el canto y el deporte. Al ser una puesta centrada en Buenos Aires, el tango es el protagonista, pero quienes lo bailan son los jóvenes desde su pluralidad y diversidad identitaria.

En lo que hace a los intérpretes en el período de constitución de la Nación eran bailarines profesionales, y muchas veces también acróbatas, alambristas sin arneses, cómicos y dramáticos, esta tradición será continuada por nuestros artistas itinerantes. La condición multidisciplinaria en *Fuerza Bruta* constituye a los actores y su desempeño en el espectáculo.

Retomando la tradición popular de la pantomima, los artistas para entrar en código con el espectador ponían en juego la complicidad situacional mientras que activaban los signos universales de la gestualidad corporal. Después del advenimiento de la democracia en los años '80 se incrementó en diversos grupos, espectáculos y acciones callejeras que constituyeron "la primavera teatral"[4]. Esta característica, a pesar del cambio de la tecnología, está muy vigente en el grupo, así como también en nuestro teatro popular y callejero.

Por todas estas derivas el grupo nos remite a los antiguos volatineros, su "jefe cumplía funciones semejantes al "autor" de las compañías teatrales itinerantes" (Mogliani-Sanz; 133). Diqui James con su función autoral-directriz continúa y homenajea esta impronta inicial. Además, los artistas del circo estaban en constante movilidad, teniendo temporadas breves en diferentes ciudades o pueblos y realizando extensas giras. En *Fuerza Bruta* esta regionalización nacional se va a extender al mundo.

La poesía del aire

La poética de *Fuerza Bruta*, nacida del cruce de distintos lenguajes artísticos, donde la música, el sonido, los *performers*, se convierten en un todo mágico que envuelve y emociona al espectador, no desde lo cognitivo sino desde el plano de lo sensorial. Para lograr esto utilizan la ausencia de la palabra dando primacía a la acción, categoría que constituye su principio constructivo.

Sus espectáculos cuentan a través de los *performers* integrados con el resto de los lenguajes artísticos empleados, sin embargo, no necesariamente utilizan los mismos lenguajes en todas sus propuestas. Los actores-

---

[4] Se denominó primavera teatral al período comprendido desde 1985 a 1989, se caracterizó por espectáculos de raigambre popular, en: plazas, clubes, sociedades de fomento, calles, estaciones de subte donde los artistas retomaron distintas prácticas teatrales de nuestra tradición para movilizar el campo cultural e incentivar el acercamiento del público al teatro.

performers proponen acciones que en ocasiones incluyen al público de manera activa y en otras lo vuelven a colocar en el rol tradicional de expectación.

El material sonoro está construido fundamentalmente a través de la música y la percusión, la cual remite a los ritmos primitivos del ser humano y al latido del corazón, es decir: bascula entre los sentidos que provienen de campos como lo cultural y lo biológico.

El espectador puede estar parado, inmóvil, solo mirando el espectáculo o bien puede desplazarse, siempre en función de la propuesta, porque el espacio cumple un rol fundamental. La importancia de la función espacial varía en diferentes dispositivos que pueden ser tanto una tarima elevada, zigzaguear entre los espectadores, correr en una cinta sin fin, volar con arneses, caminar sobre la globa o "andar en bicicleta" sobre del *Obelisco*. En algunos casos los espectadores, van a ser guiados en su mirada por medio de los reflectores que son los encargados de señalar hacia donde se desarrolla "la escena".

Dentro del espacio de representación, que puede ser cerrado o al aire libre, podemos ver que las propuestas se construyen a la manera de los recitales de música, uno de los eventos emblemáticos del consumo cultural. Hasta tal punto que, por ejemplo, en Canadá, sus socios les preguntaron el por qué no incluían en sus shows escenas de las puestas anteriores. Es decir, a partir de este cuestionamiento deciden realizar la inclusión de partes nuevas y otras que ya habían sido usadas en ocasiones previas.

Según Hans-Thiers Lehmann (2013) la noción de teatro post-dramático indica la no necesidad de barreras y distancia física entre intérpretes y espectadores que haría surgir una variación en el contexto de un espacio dinámico que se reformula en cada momento del espectáculo. Para el grupo el espacio será utilizado de manera no tradicional, retomando el sentido ritual del mismo, donde el espectador participa de otra forma y todo rincón se convierte en espacio dramático.

El trabajo que realizan los *performers* empieza mucho antes que la propuesta escénica. El *performer* se prepara a través de un entrenamiento físico específico, muchas veces son escaladores o bien acróbatas con mucho trabajo en altura. Necesitan un cuerpo preparado para poder sostener la práctica estética que aparentemente "arriesga" el cuerpo, pero en realidad lo que hace es resignificarlo para darle otra expresividad fuera de lo esperado/tradicional. La forma de manifestación y trabajo es grupal, las individualidades se fusionan en pos del "grupo *Fuerza bruta*" que impacta por sus propuestas, dejando de lado la posibilidad de un protagonismo.

Sus puestas explicitan concepciones y formas que contienen elementos del lenguaje visual con el que entran en diálogo. Los espectáculos nos remiten a propuestas clásicas de este arte como ocurre por ejemplo con *La libertad guiando al pueblo* de Eugene Delacroix en la serie estético/conmemorativa en los festejos del Bicentenario del 25 de mayo.

Lo alegórico testimonial desde un lenguaje multisensorial, que hoy es consumido masivamente, es una de las formas con la que el grupo trabaja. Lo manifiesta a través de símbolos (la bandera: soberanía, cruz: muerte, pared: impedimentos sociales, fuego: industria) así como también por medio de alegorías, que van desde lo más individual, como la libertad del hombre hasta lo colectivo como la libertad de un territorio. Responde a lo que Lehmann incluye en su definición de teatro pos-dramático como el que diluye los principios de narración y figuración en pos de un lenguaje poético y de una sensualidad intensificada.

En los espectáculos veremos una gran profusión de lo tecnológico que determina y estructura la puesta, donde las acciones que conforman las escenas nos remiten a la fragmentación de los medios electroinformáticos. La tecnología adquiere cada vez mayor protagonismo en la expresión artística originando semánticas más cercanas a la vida cotidiana. En esta hermandad de lo tecnológico y lo espectacular el mensaje que transmiten, sobre todo en sus últimas producciones, relaciona la técnica con lo ecológico, transmitiendo la idea de sustentabilidad. Todas estas direcciones intencionales poseen la cualidad de ubicar a los espectáculos en espacios emblemáticos, tanto abiertos como cerrados.

Nos proponen sensaciones y, en esa actividad, rompen con lo "esperable" del espectáculo tradicional, ya que, partiendo de la experimentación absoluta, *Fuerza Bruta* plantea puestas trasladables, produciendo sintagmas aleatorios, que se pueden realizar en cualquier lugar del mundo y a la vez pueden ser decodificados por distintas edades, públicos y culturas. Podríamos, entonces, calificarlos de globales. En esto es fundamental la armónica relación que mantienen Diqui James y Gaby Kerpel, que consiguen amalgamar sus intervenciones teatrales-musicales de una manera indivisible, casi simbiótica. Esta condición no es absoluta y permiten la incorporación de otros integrantes indispensables para las realizaciones, como es el caso de Alejandro García, el ingeniero a cargo del diseño y creación de los dispositivos mecánicos y electrónicos. Esta característica los une al modo expresivo pre Covid 19 a través de lo "universalizable", lo instantáneo, sin dejar de rozar con las propuestas y las formas de los medios electroinformáticos de comunicación.

Fuerza bruta crea una ruptura de la visión clásica ya que no va en pos de un mensaje admonitorio o didáctico, ni incursiona en una línea narrativa, su intención primordial es provocar sensaciones en el receptor. Según Diqui James "me apego a la parte más primitiva del teatro, que entiende cualquiera" Esta frase, elocuente por sí misma, define la visión de quien marca la impronta del grupo, abriendo una mirada que abarca a todos, sin restricciones de clase, cultura y lugar. Por esto sus espectáculos pueden ser llevados de la misma forma a distintos lugares del mundo. Otra manera de mirar este tipo de puestas es el cambio del entorno de producción, que puede ser considerado homólogo al modelo del *Cirque du soleil*, propuesta que se origina en un territorio determinado y luego se puede realizar en otro país/cultura sin modificarse en mayor medida. Esto les permite llevar un mismo espectáculo a varias ciudades de manera paralela y realizarlo con elencos diversos de cada nación.

Desde el extremo sur del continente surge una propuesta que se extiende hacia el mundo, marcando una nueva manera de expresión y sembrando posturas que germinan en un mismo sentido. El formato no es innovador, pero sí surge desde la periferia para extenderse hacia los centros de países lejanos.

En un principio en la organización grupal el tema del vestuario no era lo primordial de su poética conceptual, luego sin perder esa esencia ese signo muta hacia una idea más conmemorativa y lúdica con mayores referencias a lo tecnológico. Es a partir de *Bicentenario* que se comienza a notar el alejamiento de un vestuario más ligado al "under" y el acercamiento a otro, más conectado con la ingeniería y la ornamentación.

Hasta que *Wayra* fue vendida a Japón, la poética de *Fuerza Bruta* se apoyaba más en los materiales, formatos y elementos puros, digamos más propio de un minimalismo primario que podemos referenciar con el primitivismo y una forma de constructivismo, por la utilización de materiales básicos. *Wayra* en Japón les hace incorporar una nueva mirada sobre el mundo del arte. Esta producción los obliga a internarse en una investigación sobre la tradición y forma de vida japonesa, para realizar un espectáculo donde se referencian íconos de esa cultura como pueden ser la pagoda de papel, el desfile de lámparas. Además, se recrean personajes prototípicos de Japón: geishas, samurais y ninjas y las formas de moverse del Teatro Kabuki. Todo esto contribuye al enriquecimiento de su poética.

En nuestra opinión, una premisa fundamental para la confección del vestuario es la seguridad y comodidad de los *performers* por la utilización de los arneses. Se debe considerar la acción acrobática que se despliega y por lo tanto seguramente están proscriptos botones, corbatas, cierres y cualquier otro elemento con los que los actores puedan lastimarse. Otra preocupación del vestuario es que no se dañen los materiales de trabajo. Por ejemplo, el Mylar[5] con el que está construida la pileta de *Wayra*, material fundamental en la puesta.

En cuanto a la gestación y dirección de los espectáculos encontramos una impronta de pensamiento propio. Signos de su poética que son parte de su identidad artística. El sedimento de base es una detectable autorreferencialidad que puede haber sido un signo de reconocimiento y se convierte en fundamento de su forma de crear. Elementos como el fuego, el agua, trabajo en altura, la escena callejera, así como también desde lo sonoro, los tambores y la percusión están presentes desde *La Organización Negra* como marcas de sus hitos fundantes.

---

[5] Mylar es una película de poliéster o lámina de plástico que se utiliza para trajes de los astronautas de la NASA, velas de embarcaciones, la cara posterior de los módulos fotovoltaicos en paneles solares y ropa anti fuego de los bomberos, entre otros.

De la calle al mundo

Otros elementos intertextuales que son marca directriz resultan ser: la participación del público, la sorpresa y la provocación. En espectáculos como *La Tirolesa, UORC, Wayra* están más señalados la sorpresa y la provocación. En el caso de *Bicentenario* y *Olímpicos* la provocación está atenuada por ser trabajos conmemorativos.

En las puestas podemos ver las autocitas de obras anteriores en las que *Fuerza Bruta* las retoma como parte de sus propuestas. Es una cita explícita en los *Juegos Olímpicos de la Juventud* el uso del Obelisco que remite a *La Tirolesa-Obelisco*, así como también la cinta sinfín para la pista de atletismo que nos retrotrae a la del caminador en *Wayra*. A su vez esta cinta de la pista de atletismo con las marcas de ordenamiento vial trae a la memoria sus primeras presentaciones en la calle. En lo que hace a la bandera y la abanderada, utilizada en lo más alto de la punta del Obelisco, nos lleva al *Bicentenario* con la *performer* representando a la Nación flameando nuestra insignia desde lo alto de la grúa.

Entre otros recursos artísticos autoreferenciales hallamos la utilización de la globa, que provoca impacto visual en cada una de sus apariciones. A pesar de su simpleza esférica es un signo complejo. En un primer nivel de significación remite a la carroza del futuro presentada en la conmemoración del *Bicentenario* y a su vez al mundo privado habitado, olvidado y perseguido por el individuo en *Wayra* que reaparece en *Olímpicos* como metáfora del planeta y la universalidad de los Juegos. En otro nivel de profundidad semántica la carpa del Recoleta creada especialmente para *De la Guarda* es una esfera gigante que incluye a todas (tierra-humanidad-teatro) y a su vez remite al mundo ya que *Fuerza Bruta* es un grupo que recorre el planeta, creando la idea de un mundo dentro de otro a la manera de cajas chinas. En otros estratos autoreferenciales podemos ver las cajas que se rompían sobre los atletas en la bienvenida en *Olímpicos*, pero también son las cajas que se rompen en *Wayra*, como así también de festejo con papelitos que inaugura *Villa-Villa* para presentarse nuevamente en *Wayra* y *Olímpicos*. Este festejo es una tradición remixada de las costumbres del fútbol, de las conmemoraciones de carnaval con el papel picado y de fin de año con los papeles arrojados por las ventanas, esto se liga al "vuelo-sueño" que es la representación poética, semánticamente hablando, de lo que significa la búsqueda de felicidad, muy evidente en *Villa-Villa* con uso metafórico en *Wayra* y *Bicentenario* y con el sentido tradicional en *Olímpicos*.

Archivo de las autoras

En cuanto a los *performers* la intertextualidad tiene que ver con la murga, el circo, el desfile, es decir formas populares y callejeras coqueteando con los códigos espectaculares y la evolución de estas expresiones hermanadas con lo técnico digital.

Es parte de su poética iniciática incorporar los cuatro elementos básicos de la naturaleza: aire, fuego, agua y tierra. Estos funcionan como signos bifaciales porque son a la vez simbólicos e impactantes remitiendo a lo festivo y al ritual, pero no están usados en forma melodramática. En el caso de la carroza de las Madres en la conmemoración del *Bicentenario*, se convierte en poética metafórica. Ejemplo de esto podría ser el recurso del olor a combustible quemado que podemos evidenciar en la carroza de la Democracia en el festejo del Bicentenario cuando se incendia la Constitución que nos retrotrae a valores más basales de las puestas cuando comienzan su camino con *La Organización Negra*, en la puesta de *La tirolesa-Obelisco* (1989). Estos elementos básicos en el devenir del grupo se han ido encauzando y fortaleciendo hacia discursos ecológicos y sustentables.

Desde el valor de la mirada, *Fuerza Bruta* como indica su nombre mismo remite a potencia. Ese potencial produce un excedente sobre la misma representación, y es así que el espectáculo permite a los espectadores, la foto, la selfie, la transmisión instantánea en las redes sociales logrando exceder y multiplicar el espacio espectacular, extendiendo la función espectatorial a quienes no están. Es decir, incluyendo al público lejano.

Las palabras anteriores

Como hemos referido al comienzo de este libro, el análisis de los espectáculos y los autores referenciados que hablan de "lo contemporáneo" en el arte, son escritos producidos antes de la pandemia que nos han llevado a una relectura y reflexión desde este nuevo marco.

Cuando comienza el siglo con la angustiante crisis del 2001 el teatro sufre su primera reclusión, a la que podríamos considerar como antecedente de la actual, empleando los mismos recursos que se usaron al final de la última dictadura cívico-militar y en el retorno de la democracia. En aquellos días la crisis era nuestra, y ahora, estamos inmersos en una crisis sanitaria que trae un desplome mundial. En la pandemia mediante los *streamings* se recrean aquellas formas del 2001. Los elencos se refuerzan buscando recursos que ya habían sido empleados durante la vuelta a la democracia, como: el uso de espacios no convencionales, referencias del teatro universal y elementos de la pauperización. Todo esto sin dejar de lado, que muchas de esas agrupaciones fueron autogestivas y utilizaron distintos mecanismos como el teatro a la gorra y el teatro callejero.

En este contexto, y dentro de las estrategias y la reconversión de grupos, surge *Fuerza Bruta*. Tomando el concepto de Renato Ortiz sobre lo "glocal" unido al de desterritorialización "permite dar cuenta de aspectos poco visualizados en las ciencias sociales [nombrando un] imaginario colectivo internacional popular" (1996: 63). Recordamos que el concepto de desterritorialización siempre va acompañado por el de reterritorialización que aúna ambos términos en una *glocalidad* característica. En las propuestas de *Fuerza Bruta,* esta noción en lugar de producir opuestos superpone planos. *Fuerza bruta,* como mencionamos en el capítulo *La poesía del aire* toma, para el desarrollo de sus acciones escénicas, la forma "posdramática" definida por Hans-Thies Lehmann que la caratula como "la emancipación de lo textual" y que presenta una ausencia de obstáculo y distanciamiento físico entre intérpretes y espectadores configurando un espacio dinámico que se reformula a cada momento.

Fuerza Bruta construye su dramaturgia desde la forma rizomática. (Deleuze-Guatari, 1997), es decir, es una formación similar a un seudópodo que conecta diferentes sentidos. Tal como sostiene Lyotard (1993) respecto a la ruptura posmoderna, que deconstruye las grandes narraciones e implica el rechazo de un pensamiento totalizante, como también de las utopías de unidad. Esto trae aparejado la aceptación de pluralismos de lenguajes y de mezclas locales de discursos y acuerdos legitimantes.

Nicolás Bouriaud expresa, al referirse a las relaciones entre los artistas y su producción que en este último tiempo están basadas en comunicaciones con los dispositivos. Estos se desvían hacia zonas de retroalimentación, dado que los proyectos artísticos grupales se multiplican durante las exploraciones de potencialidades en su vinculaciòn con la otredad. A raíz de esto es necesario tomar cada vez más en cuenta al público. En esta relectura benjaminiana, el aura artística, esa "manifestación irrepetible de una lejanía", podría ser posible. Y, amparándonos en esto, podríamos considerar los momentos en que se acelera el tiempo y comienzan a abandonarse los sentidos heurísticos porque no convence la enumeración de datos, desplazándose la hermenéutica ya que no es necesario la interpretación de esos datos, y de esa manera, se va instalando una suerte de propedéutica, pero con la "prudencia" que implica la no definición. Retomando a Bouriaud "como si la microcomunidad que se reúne frente a la imagen fuera ella misma la fuente del aura y lo *lejano* apareciera puntualmente para aureolar la obra" (2017: 73). Poniendo en correlación este concepto con *Fuerza Bruta*, tanto en lo que hace a su producción en espacios cerrados (carpa) o de la vía pública (*Bicentenario-Juegos Olímpicos de la Juventud*) o en parques temáticos (Aeródromo-Tecnópolis) esta vinculación se hace evidente ya que las propuestas exploran y estimulan la intervención, la movilidad y la reproducción icónica por el espectador. Estos mecanismos aleatorios tienen relación con las formas de las puestas de *Fuerza Bruta*, referenciándonos con Raymond Williams (1997) cuando dice "no somos individuos porque individuo significa "indivisible" y hoy todos somos "dividuos" ya que estamos fragmentados".

Como expresamos anteriormente las series del grupo *Fuerza Bruta* pueden encadenarse con sintagmas alternados o incluso reemplazarse por otras, o, simplemente suprimirse. En el capítulo *La fuerza del viento. Wayra* podemos ver estas formaciones. Otro aspecto de la relación con Williams la encontramos en lo referido a las producciones emergentes que, en ciertas oportunidades, para oponerse a lo dominante abrevan en las construcciones remanentes.

Dice Osvaldo Pellettieri (2005) respecto a lo hegemónico, que lo mercantil está en los núcleos semánticos básicos que conforman la convivencia social y configuran formas de vida, cumpliendo la función estructurante, ya que desde lo mercantil descienden los criterios de comportamiento juzgados como deseables, racionales y transmisibles. Esta situación aparece en forma manifiesta en la profusión de espectáculos similares y montajes diferentes generalmente armados en lo que el autor denomina "secuencias disyuntivas" de las producciones del grupo en el marco de un mundo en vías de globalización.

Respecto a nuestro análisis de los espectáculos producidos por el grupo desde el aspecto de la semiótica teatral, tomamos algunos puntales de autores canónicos como Marco De Marinis en su concepto de protopartitura, así como también Anne Ubersfeld cuanto habla de texto de autor/texto del director. El ejemplo paradigmático sería el de Diqui James como creador primordial ya que es quien imagina, proyecta, diseña y ejecuta el espectáculo. Desde otro lugar, De Marinis nos acerca también a los aspectos de lo disciplinar y lo transdisciplinar, donde lo disciplinar sería la base, lo particular escénico, por ejemplo, la acrobacia y la danza, y lo transdisciplinar serían los *performers*. Los núcleos sígnicos: tiempo, espacio, personajes, acciones, posamos la mirada en Fernando De Toro y Tadeuz Kouzan, así como las funciones del lenguaje consignadas por Roman Jakobson y en lo que hace a lo metatextual e intratextual nos amparamos en Patrice Pavis. Como así también en su teoría de los vectores para analizar las direcciones de las miradas espectatoriales en cuanto a las distancias y la diversidad desde donde se producen. También hemos utilizado el concepto de palimpsesto descrito por Fernando De Toro, cuando vemos que el modo de armado del espectáculo *Wayra* remite a la forma del circo. Para referirnos a los intérpretes hemos tomado la concepción de *performers* desde la teoría de la performance, en la cual no se crea un personaje, sino que el *performer* es quien lleva adelante una acción. Sobre esto es menester considerar lo aportado por Jorge Dubatti (2012), cuando diferencia la acción del acontecimiento, tomando en cuenta que el teatro "es un ente complejo (...) que se constituye históricamente en al acontecer, (...) que sucede gracias a la acción del trabajo humano". (Dubatti; 34)

Para conformar el corpus y las variadas referencias a lo intertextual hemos trabajado artículos de diarios, revistas, fotografías, catálogos, páginas web y videos. Como así también con nuestras participaciones en Congresos, artículos que merecieron publicaciones estableciendo diversas reflexiones y algunas conclusiones sobre el grupo. Tomamos algunos antecedentes que se verifican en artículos, participaciones académicas, comentarios periodísticos. Asimismo, comunicaciones en repertorio: catálogos, programas, videos y alguna bibliografía sobre los antecedentes: Hopkins, Cecilia (1992); Carreira, André (1990); González, Malala (2015); Díaz, Silvina (2014).

Los espectáculos en acción

De la calle al mundo

La fuerza del viento: Wayra

Los espectáculos de *Fuerza Bruta* nos han llevado a situaciones límites al integrar la parte conceptual con la tecnológica poniendo en tensión los términos disciplinares. Con ese propósito pondremos en foco el espectáculo *Wayra*, última versión estrenada en el Centro Cultural Recoleta en 2016 con el objetivo de fijarla en el ideario del teatro argentino como componentes de una expresión que nos representa y nos proyecta en el mundo.

La palabra "wayra", que da nombre al espectáculo, significa "viento" en quechua. Este vocablo elegido por el grupo tiene varias connotaciones desde donde pensarse. En principio, es la fuerza arrasadora, de transformación, de movimiento. También está integrado en el subtítulo del nombre del grupo: *Fuerza Bruta*. O sea, funciona como elemento identificatorio y dialéctico. Son ellos volando por el aire y el viento, aire que vuela. En un segundo nivel de significación tendríamos que el viento que arrasa también es metáfora de la transformación del mundo, inestabilidad, movilidad permanente. En un tercer nivel encontramos el trabajo erosionante sobre instituciones y sociedades. La red semántica adquiere con la palabra wayra densidad sémica.

Para hablar del texto espectacular no podemos dejar de considerar al texto dramático, que ha sido durante siglos tomado como parte de la literatura y recién con el avance de la postsemiótica teatral, las corrientes de la antropología cultural y la filosofía del teatro se pudo precisar el rol del texto en el espectáculo, como algo no dependiente del arte de la escritura. En estos momentos podríamos referirnos a una propuesta simbiótica donde se aúnan el texto dramático y espectacular. Es destacable que en este proceso de *destradicionalización* la dramaturgia de *Wayra* se aparta de la convención ya que la puesta no es en abismo, sino en forma estratificada o de superposiciones.

En lo que hace a la dramaturgia, tomando en cuenta la estructura de base, las secuencias son disyuntivas. Cada una se constituye como un desempeño en sí misma que llamaremos "endógeno", ya que su función no es el avance del relato. La sucesión de disyuntivas es un encadenamiento de escenas autónomas con culminación dramática. Esta autonomía es la clave de la puesta, que de esta manera se acerca a los aspectos plásticos y desde otro punto de vista a las expresiones sonoras. Es decir, cada escena apunta a plurales semánticas que pueden ser conectadas o no por la lectura espectatorial. Estas pluralidades podrían referirse a las sueltas de papelitos blancos rectangulares a modo de festejo futbolero, de *Villa Villa*, como cita interna. (Centro Cultural Recoleta: 2001) y el desfile murguero para el *Desfile del Bicentenario* (2010). La puesta se constituye sobre los elementos teatrales tradicionales en espacio y tiempo, incluyendo a la luz y el sonido como expresiones fundamentales del espectáculo. La presencia notable del aspecto técnico es basamento de su constitución como propuesta artística, sin la cual no tendría existencia. Tanto las acciones "actorales" como las acciones "técnicas" forman el material con el que se va a armar la dramaturgia.

Luego de estos aspectos que podrían configurar la estructura profunda de la puesta, nos apoyamos en las palabras de Osvaldo Pellettieri (2005) para indicar que el "aspecto verbal" (alma de la intriga) conformaría la gestación de una realidad ficticia en la "categoría inmediata" al discurso del relator, que en el caso de *Fuerza Bruta* estaría en un segundo plano. Tiene mayor elaboración el "aspecto mediato" que corresponde al discurso relatado por las escenas, pudiéndose encuadrar en las categorías jacobsianas: "emotiva" y "poética".

Es menester aclarar que en *Wayra* el discurso se constituye a través de una fragmentación de escenas que nos recuerdan las formas épicas. Esta progresión escénica presenta una sincronización que se relaciona con lo coreográfico, poniendo en evidencia una sucesión de acciones que no se centran en el plano verbal, que está ausente, sino en el cuerpo. La inferencia de las imágenes borra la noción de personaje ya que lo importante es lo que ve, corroborando de esta manera la afirmación del aspecto mediato. En una primera lectura podría verse un "no texto", sin embargo, en realidad existe una precisión del guión que está velado por la fuerza del espectáculo y marcado por la exactitud de lo técnico que constituye la obra. En el espectáculo no hay línea dramática, aunque se verifican conflictos. No hay personajes, hay sujetos. Hay una presencia fundamental que es el aspecto técnico en función de lo expresivo. La primera secuencia se nos presenta con los integrantes alineados sobre lo que sería "el escenario", referenciando un espectáculo tradicional a la italiana, que con el desarrollo de la propuesta se verá contradicho. Los intérpretes con un fuerte sonido avanzan sobre la escena tocando diferentes tipos de tambores a los que luego se les sumará el canto, en el cual se incluyen estrofas que comienzan con la palabra "wayra". A su vez, esta primera secuencia juega como presentación del grupo y en ella "el viento" está presente como fuerza sonora representada por el volumen de los tambores y las voces de los intérpretes.

De esa forma frontal va a surgir una fuerza disyuntiva, que introduce al hombre y el viento que es mostrado explícitamente mediante el impulso de un poderoso ventilador, semejante a la turbina de un avión, que penetra en el espacio a la manera de un ariete virtual perforando el ilusorio proscenio armado por el público, separándolo en dos grupos enfrentados con el escenario, ahora perpendicular al anterior y en el centro del espacio.

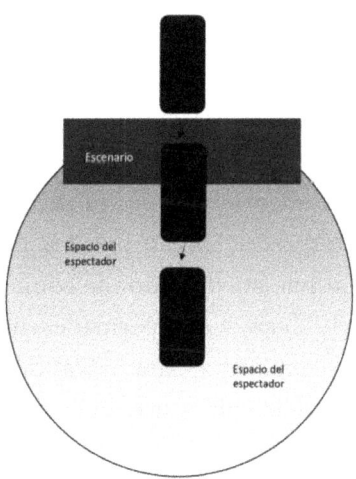

La primera acción destacada se desarrolla con el "hombre" corriendo sobre la cinta y con esto se da la pauta de lo que serán las líneas de acciones. Por un lado, encontramos las acciones "actorales" y por otro las "técnicas" que a su vez se complementan, fusionan y combinan, constituyéndose esta amalgama en el núcleo de la acción.

Las acciones desarrolladas por los *performers* las podemos encuadrar en dos tipos diferentes: "de piso" y "aéreas". En el primer caso encontramos caminatas, caídas, desprendimientos, roturas, bailes. En la segunda clasificación podemos ver: vuelos, danza aérea, deslizamientos en el agua. En las dos y mediando la acción de los asistentes de escena hay actores y espectadores que se cuelgan y se descuelgan y también mediante la acción de la tecnología celebran vinculaciones con el público; más allá de esta clasificación simple se localizan acciones menores y son aquellas en las cuales una vez terminada la secuencia se prepara la siguiente. En el encadenamiento sintagmático funcionan como la "soldadura" de los eslabones que conforman las secuencias. En ellas encontramos: la localización del público, el cuidado de los objetos, los elementos escenográficos que se acercan al *performer*, las placas de materiales para romper, la colocación de los arneses para la danza aérea, etc. Podríamos decir, entonces, que dentro del discurso espectacular también se encuentra implícita una suerte de escenografía.

El signo visible que va a tomar el centro, luego de la presentación, es el cuerpo; indicado paralelamente como cuerpo individual y cuerpo colectivo a lo largo de todo el espectáculo. Esta bisemia señala una significación dialéctica donde el cuerpo del individuo representa y es a la vez el cuerpo colectivo, que además se muestra alternando con diversos grupos formados por los intérpretes. En este juego se plasma un paralelismo entre espacio aéreo y la tarima (suelo 1) donde el intérprete desarrollará las acciones y el piso (suelo 2) en el cual permanecen los espectadores-contempladores desde un yo extensivo, para hablar del nosotros. En este acto se plantea un elemento básico del teatro: la transferencia.

Este sujeto, semánticamente hablando, vestido con un traje blanco, que referencia al día, la luz y al trabajo diurno, se opondría a los grises y marrones, colores que tradicionalmente han representado desde el arte al trabajador y que así están fijados en el imaginario colectivo. A su vez, este color juega como resaltador oponente de la figuración del trabajo de oficina: oscuro, anónimo, impersonal y sobre todo realizado por figuras intercambiables. Por otra parte, también como símbolo del trabajo en general: agobiante, repetitivo y alienante. El blanco del vestuario de ese hombre arquetípico representa al individuo único, indivisible y neutro que todos deberíamos ser, plasmado en "un él" y nosotros en identificación con cada uno de los espectadores. Simultáneamente, el color del traje es el mismo que la carpa que lo contiene donde se desarrolla el espectáculo y también el de los útiles escénicos: sillas, mesas, planchas de telgopor, etc.; mobiliario y objetos que funcionan como obstáculos que tiene que atravesar. Es decir, carpa, hombre y objetos, las tres están significando con el color blanco un tipo ideal de mundo.

Así mismo este "prototipo social" camina sobre una cinta sin fin que representa el trajín cotidiano, las peripecias diarias y su inestabilidad. La escena eterna de *Tiempos modernos* es evocada, pero aquí no solamente indica la mecanización alienante del trabajo, sino también la precarización, una alienación individual, no colectiva, pero a su vez que remite a lo social.

Sobre estos "pisos" se van a elevar los "cielos", en los cuales van a volar los intérpretes. En principio repitiendo el sentido de una identificación entre los espectadores y los artistas que aparecen en un grupo masificado vestidos con ropas cotidianas, consiguiendo con esto cambiar el ángulo de mirada del espectador desde una posición frontal a una hacia arriba (como el contrapicado de una cámara) elevando la mirada hacia la altura donde supuestamente están los "Dioses". En la secuencia posterior se corren dos cortinas metalizadas que cierran el espacio en U, cobijando al espectador. Una vez que las cortinas completan el circuito aparecen dos seres aéreos que pueden representar a bailarinas, ángeles, hadas, mujeres ideales, soñadas, íconos élficos, etc., vestidas con ropas rosas y celestes, de gasas y tules, volátiles y etéreas. Son las encargadas de indicar la utopía trayendo nuevamente la presencia del viento.

Al finalizar esta secuencia la atención se mantiene en lo aéreo producida por el descenso de una pileta transparente con agua. El espectador queda "atrapado" debajo de ella para observar el juego de cuatro intérpretes en ese medio líquido. Saltando, resbalando, deslizándose y también observando al espectador con el cual establece una fugaz comunicación visual y táctil mediatizada por el acrílico de la pileta. Las sirenas con piernas se empapan con la fuerza del cuerpo para moverse en el agua y en la interacción entre ellas.

Archivo de las autoras

La significación de la pileta, en principio, unifica el medio: pueden moverse con total libertad diluyendo la obligatoriedad de la dirección de la cinta. Las líneas de deslizamiento, a pesar de mantener una cierta rectitud, incorporan la dimensión lúdica en la interacción. Podemos pensar, que el agua funciona aquí como el magma inicial o líquido amniótico, como lugares de nacimiento de las nuevas ideas, encuentros, espacios y formas de estar y expresarse. El mar sugerido por encima de la cabeza de los espectadores queda en el lugar del viento, porque más allá de la belleza de las formas de los juegos se instala la comunicación.

De la calle al mundo

Archivo de las autoras

La forma a la italiana solo volverá a componerse al final del espectáculo. Toda la propuesta se desarrollará entre estos dos límites, que sirven en principio, para explicitar que es teatro y para decir que va a finalizar. Entre estos dos márgenes se va a producir el desarrollo espectacular en el espacio teatral que se va a conformar con los espectadores, a modo de celebración "ritual". Creando diversos escenarios transitorios, que se arman y se desarman siempre con la ayuda de los soportes técnicos, a modo de los ayudantes de escena del teatro Kabuki y del circo.

La luz y el sonido son dos elementos fundamentales en la puesta. *Fuerza Bruta,* al crear una propuesta semántica tan abierta remite inmediatamente a los elementos de espacio y tiempo. El sonido está presente desde el principio, como ya explicitamos, y llega a alcanzar a los espectadores incluyéndolos en un baile colectivo hacia la mitad del espectáculo para volver a cerrar con música al final o despedida. El sonido no solo remite al grito primitivo, sino también a la comunicación oral y vocal. El espacio está involucrado en todas las formas posibles: paredes, tarimas, piso, plataformas móviles y niveles de altura. El lugar de representación se convierte en un mundo donde la luz marca espacialidades localizadas y generales, señalando focos de atención y puntos de vista divergentes y convergentes siempre teniendo como horizonte la dimensión poética del espectáculo.

La puesta está armada a la manera de los recitales de música, con gran técnica, muchas luces, sonidos pregnantes. No apunta a la intimidad teatral ni a la oscuridad de la sala tradicional. Para conseguir esto, los asistentes indican y colocan a los espectadores en función de la escena, apoyados por los recursos técnicos y la luz. Al igual que en el recital habría otras semejanzas para destacar ya que los espectadores deben estar pendientes de la conducta de los otros: que no te pise, te aplaste, te empuje, así como también el compartir comentarios y sensaciones. Esto es importante porque los espectadores buscan precisamente esa función, ya que una de las expectativas de asistir a este tipo de eventos se centra en este compartir: bailar, mojarse, cambiar de lugar, tocar ciertos elementos de la puesta, ser subido al arnés, etc.

Tenemos así a la vista diversos lenguajes constituyentes del teatro a los que se suma un cruce con la tecnología, sin la cual no se podría constituir como tal. En este mundo hipertrófico, como plantean Díaz y Libonati,

> las expresiones artísticas fusionan los medios tradicionales con las tecnologías digitoelectroinformáticas. En ellas convergen instalaciones multimedia, arte interactivo, video arte y media performance, formatos generadores de una realidad virtual que se amalgaman con el aquí y ahora del evento teatral. (2015: 87)

Wayra formada por acciones modulares constituidas por escenas a partir de su disyunción recuerda las fragmentaciones que se generan en la apropiación del discurso de los medios. El espectáculo está construido como un sintagma aleatorio, cada "escena" puede moverse, alternarse o suprimirse remitiendo al modo del armado del espectáculo circense tradicional presente aquí como palimpsesto. Esta referencia al circo es una remanencia que nos acerca al pensamiento de Raymond Williams. En las puestas emergentes la fragmentación o atomización de las partes cada vez cobra mayor potencia por su relación con la vida cotidiana, donde ya no es posible desprender la acción tecnológica de la vida diaria. En estos momentos de pandemia esa acción se ha vuelto imprescindible.

Archivo de las autoras

El aniversario se festeja en la calle

Nos ocuparemos ahora de las escenas del desfile del festejo del Bicentenario de la Revolución de Mayo de 1810. Desfile que conmemora la memoria. Esta acción cívica en forma de fiesta y la participación alegórica de este grupo como el pueblo se convierte en una práctica descolonizadora y contrahegemónica que tuvo una visibilización latinoamericana, sosteniendo la visión de la patria grande, producida en este caso desde el Estado argentino.

Esto se constituye en un hito para *Fuerza Bruta* porque es en esta oportunidad que el grupo regresa a las expresiones escénicas callejeras. Si bien la organización general estaba a cargo de Oscar Parrili y del grupo, los parámetros ideológicos fueron concebidos e impartidos desde el Estado Nacional. Para el grupo fue una experiencia única, ya que superó lo netamente artístico. Esto era simultáneo al intercambio de procedimientos y designios, con policías, bomberos, personal del SAME, bandas musicales, etc. En lo que hace a la presentación en sí, *Fuerza Bruta* tiene a su cargo nada menos que la representación de la República y la portación de la bandera. Paradójicamente no fue esta carroza la que inició el desfile como se había pensado, sino que por una diagramación técnica la apertura le correspondió a la de "los pueblos originarios". Se usó una carroza más angosta dada la cantidad de gente que había en la calle y se necesitaba abrir la circulación, por lo que se eligió la carroza de los pueblos originarios que tenía las dimensiones adecuadas y así fue que le correspondió ser la iniciadora del desfile. Esta alteración del orden programado consigue otorgarle a la caravana una acertada continuidad histórica.

Esta alegoría cuenta con una base material compuesta por tres camiones en hilera que en la parte superior de los extremos se erigen tres torres dentro de las cuales se representa la tierra y desde allí surgen los cuerpos de las distintas culturas de los pueblos originarios. Estas torres están iluminadas con un reflector en cada esquina. Diferentes culturas con su propia luz. A la vez que se inicia el desfile se encienden las luces de los globos que permanecerán prendidas durante todo el desfile y que contienen los nombres de los países latinoamericanos. En el camión central, un grupo de *performers* escenifica tareas y ejecuta instrumentos de percusión y viento con cantos propios de los pueblos, conformando una orquesta multiétnica. De las torres surgen otras torres, representando construcciones pre-incaicas e incaicas, donde están dos intérpretes con trajes ceremoniales y en algunos casos portadores de máscaras de las distintas culturas, entrando a la escena en primer lugar los comechingones, por ser los más antiguos, escenificando la vida, pescar, cazar con boleadoras, moler el maíz, etc. A las carrozas de los pueblos originarios la seguirá la de la Argentina para luego continuar con el gaucho, representando ya la integración a la cultura de los conquistadores.

De la calle al mundo

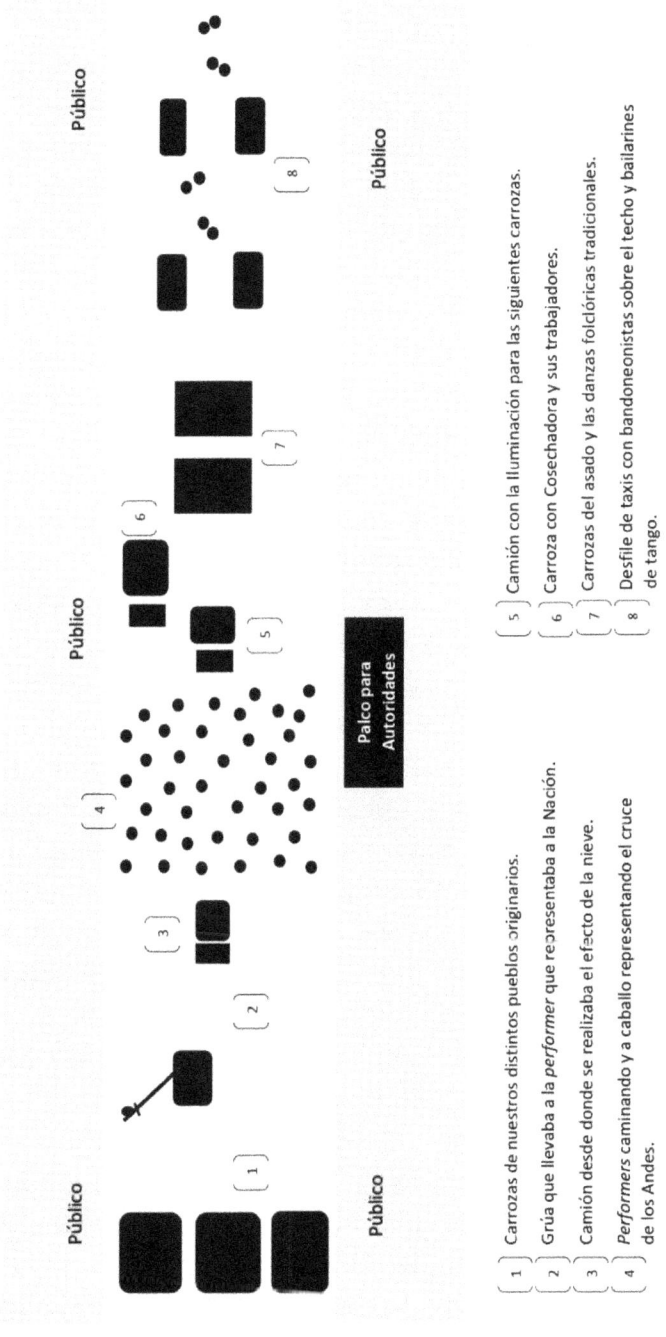

[1] Carrozas de nuestros distintos pueblos originarios.
[2] Grúa que llevaba a la *performer* que representaba a la Nación.
[3] Camión desde donde se realizaba el efecto de la nieve.
[4] *Performers* caminando y a caballo representando el cruce de los Andes.
[5] Camión con la iluminación para las siguientes carrozas.
[6] Carroza con Cosechadora y sus trabajadores.
[7] Carrozas del asado y las danzas folclóricas tradicionales.
[8] Desfile de taxis con bandoneonistas sobre el techo y bailarines de tango.

La carroza que representaba a la Argentina es imponente, con el brazo de una grúa posicionado en un plano inclinado donde estaba parada la performer abanderada y que desde un dispositivo mecánico lanzaba papel picado. Este soporte le permite a la performer moverse, despegarse y girar sobre su propio eje. Esta forma alegórica de la "república" representada con un vestido blanco con amplísimas mangas celestes a modo de alas, sostenida por arneses baila y vuela. El poder simbólico de esta imagen se constituye en una metáfora de soberanía y libertad, como así también de identidad mostrando una performer emblema del mestizaje. Con su amplitud de movimientos va delimitando el espacio general e indicando una apertura para todos, en cada giro que cubre va abarcando a la multitud y con ella - a manera de un abrazo inclusivo - a todos los argentinos, connotando el sentido que representa una república. La evocación irá jalonando los territorios y la historia de estos 200 años, sus luchas, sus geografías, sus fenómenos climáticos, sus pueblos. Se evocan de esa manera el éxodo jujeño, el cruce de los andes, la defensa de las fronteras y de la soberanía fluvial en la Vuelta de Obligado. Vendrán después la fertilidad de los campos y la llegada de los inmigrantes lo que conformará la Argentina multiétnica y plural, representada también a través de los diferentes movimientos sociales y políticos.

Una carroza destacada por el despliegue artístico y sus recursos técnicos es la que representa el período de industrialización nacional. Instalada en una plataforma con dos torres, una de las cuales contiene cuadrados con luces blancas horizontales en la que se mueven performers operarios. En la otra, una columna de tres heladeras SIAM, donde las actrices subían, bajaban y trepaban tanto hacia arriba como cabeza abajo y también, entrando y saliendo de ellas. En la zona central desde un guinche colgaba un auto, el Di Tella 1500, con cuatro operarios que lo hacían girar. Mientras tanto, sobre el auto, tres operarios más caminaban sobre él. De manera notoria desde una de sus ventanillas se veía salir un fuego que significaba la industria metalúrgica. La velocidad y repetición de las acciones de los performers aluden a las líneas de montaje de las fábricas. La música percusiva de Gaby Kerpel, refuerza este sentido ya que suena a ritmo fabril marcando sus sonidos. Esta carroza festejada y admirada por los asistentes ilustra locuazmente la producción espectacular de *Fuerza Bruta* y a la vez, funciona como signo autorreferencial.

El desfile continúa y aparece la carroza de la Constitución, aludiendo a la implementación del Estado Nacional. Desde una grúa de 20 metros de altura penden cinco elementos representativos de la Democracia: la balanza de la justicia, la paloma de la paz, la figura humana con las "rotas cadenas" en las manos, las urnas y en el centro el libro de la Constitución. Todas estas alegorías emblemáticas de fácil significación son iluminadas por reflectores. De pronto se empieza a percibir un olor a combustible que anticipa el fuego sobre los elementos que representa la irrupción de los golpes de Estado reforzado por fuertes sonidos percusivos. El impacto es grande. Las alegorías de clara evidencia se convierten en metáfora de la democracia arrasada, la quema de libros, la persecución, la tortura y la pérdida de derechos. Luego de un apagón general y como secuela de estos acontecimientos avanzan las madres, en una carroza con una plataforma cuadrada, donde ellas caminan dentro de un circuito delimitado por barandas llevando sus pañuelos blancos iluminados con led. Dos de los lados de la carroza sueltan copiosa lluvia, acompañada con sonido de tormenta. Esto representa la adversidad de la lucha, lo difícil que fue mantener la presencia y la memoria de los desaparecidos y también, el llanto del pueblo. Sus pañuelos iluminados prenuncian la luz que señala la democracia que va a venir. Las Madres se erigen como las refundadoras de una nueva república que contiene los valores de Memoria, Verdad y Justicia, pero aún faltaba otra amargura: Malvinas. Los "soldados" avanzan caminando sobre la calle, representados por jóvenes con capa negra, casco y una cruz blanca invertida colgando sobre la espalda. Sobre ellos cae una espuma blanquecina y espesa simbolizando la nieve y el viento helado. Están iluminados con luces bajas. De pronto se escucharon fuertes disparos como cañonazos, los performers van cayendo, mientras se van levantando de a poco las cruces convirtiéndose sus cuerpos en lápidas.

> El final de la dictadura en 1983 supuso la inmediata rehabilitación de las instituciones democráticas y el abordaje de los grandes problemas sociopolíticos acarreados por el régimen militar que, además de persecuciones, censura, exilios y muertes, produjo una verdadera catástrofe económica, la destrucción casi total de los factores de desarrollo y el aumento descomunal del endeudamiento público. (Díaz - Libonati, 2014: 13)

Con la alegría del retorno de la democracia aparece la fiesta popular, representada por una murga con cabezudos y sus típicos bailes y piruetas. Para arribar a la carroza de los años 90, neoliberales, representados por performers agrupados, apiñados, con maletines con dinero, que se mueven o se quedan quietos poniendo en evidencia la especulación financiera y el individualismo, en un marco donde vuelan papelitos semejando la volatilidad de los mercados. En la parte superior de la carroza, unos carteles electrónicos muestran con crecientes números sucesivos las cotizaciones del mercado, poniendo en evidencia el aumento de la inflación. Al mismo tiempo otro grupo de performers balanceándose en una grúa evidencian la inestabilidad y zozobra que vivimos los argentinos con la patria financiera, la inflación desatada y el aumento del dólar. A pesar de que en la conmemoración no aparecen los angustiosos años que van del fin del milenio al 2003, la carroza que continúa es la representación de la unión latinoamericana. Realizada con un desfile que porta unas esferas donde están el nombre de los países con sus banderas, como alegoría de los Presidentes que están presentes en el palco oficial a modo de homenaje y una cita a la noción de nuestros orígenes con la Patria Grande que le dan entrada a la carroza del futuro y del proyecto de Nación, constituida por una globa transparente iluminada desde dentro con leds fucsias en la que se encuentran niños y adultos vestidos con delantales blancos. La recuperación de la Nación se indica con caballitos de calesita, es decir, rescatando el pasado para construir el futuro que se apoyaría en la tecnología, simbolizada por un satélite, educación y desarrollo de la investigación.

Los lugares de apoyo para el desarrollo de este desfile hubo que armarlos con una logística de producción para que los *performers* pudieran cambiar de vestuario para las diferentes carrozas. Esta instalación se realizó en el Palacio Alsina contando además con carpas específicas para maquillaje. Las galerías del subte fueron el corredor de tránsito para que los *performers* entraran y salieran a la representación.

Es necesario señalar que, en el desfile implementan una forma diferente a la poética tradicional del grupo, permanecen las marcas identitarias acuñadas como propias, como pueden ser: el trabajo con los elementos -fuego, agua-, acrobacias, suelta de papeles, todas ellas con el soporte de la música percusiva y electrónica. Además, y por sobre todo una marcada presencia de equipos técnicos que sostienen los sistemas expresivos (grúas, aparejos, arneses, combustibles, dispositivos mecánicos).

En cuanto a la recepción, el público acompañó entusiasta y masivamente, cantó, bailó, festejó y la celebración de este Bicentenario quedará en su recuerdo.

El escenario fue el Obelisco

A partir de lo que fue la puesta del Bicentenario, *Fuerza Bruta* es convocada por el Gobierno de la Ciudad de Buenos Aires para realizar la apertura de los Juegos Olímpicos de la Juventud 2018 que se hicieron en la Plaza de la República, teniendo la dupla generadora "James-Kerpel" como ejes fundamentales para su creación, la ciudad y la juventud como así también el tango y Buenos Aires.

Los Juegos comienzan con la "clásica" bienvenida a los atletas y se presentan las disciplinas que compiten. Para dar la "apertura oficial" se enciende a partir del viaje de las antorchas, la llama olímpica. Como la propuesta del grupo puede abarcar grandes espacios y es innovadora, usaron como escenario el Obelisco. Esta apertura se realizó teniendo como idea rectora la gran dimensión, la destreza, la técnica de recursos simultáneos y video mapping que estuvo a cargo de Angie Arbesu. La estructura de base fue el propio Obelisco, en el que se proyectaron en sus caras: lo ciudadano, lo tanguero y las disciplinas deportivas participantes en los Juegos. Tres grandes pantallas estaban ubicadas a modo de tríptico y se complementaban con plataformas móviles.

Para lograr este gran espectáculo, los ensayos comenzaron varios meses antes en el Microestadio Malvinas Argentinas del Club Argentinos Juniors, bajo la idea rectora de la seguridad de los actores y el acoplamiento técnico. Allí se construyeron réplicas parciales a escala del Obelisco para que los *performers* ensayen sus acrobacias con arneses, así como también donde pudieron experimentar con los cinco aros olímpicos utilizando, además de los arneses, un tipo de calzado magnético que les permitía pararse de forma perpendicular. Todo este espectáculo les llevó aproximadamente un año de trabajo.

El show comenzó con proyecciones que iban cambiando sus alegorías mientras se sucedía el conteo de diez al cero para comenzar la ceremonia. Cae un efecto de lluvia sobre el empedrado y la plataforma que contiene una silla de bar con el bandoneonista, construida con liviano y fuerte aluminio, para iniciar la secuencia del tango. Esta presentación fue acompañada por la Carroza alegórica de nuestra música ciudadana, donde los actores bailaron entre ellos con vestuario andrógino tango voguing. La escenografía estaba construida a partir de un gran farol inclinado sobre el cual se realizaba la coreografía y de la que brotaba agua simulando la lluvia. Las imágenes que se proyectaron en esta recreación del origen del tango fueron: el puerto, los malevos, el cuchillo, los tacos de la *pebeta*. Súbitamente, se prendió un seguidor que iluminó la plataforma donde estaba el bandoneonista, debajo apareció el gran fuelle que se abría y se cerraba al mismo tiempo que la plataforma subía y bajaba. Luces y carteles que evocaban, tanto a los juegos olímpicos como a la ciudad, iluminaron las pantallas, mientras el show a cargo de Mora Godoy, con la "Fernández Fierro" fue quien animó con la música esta parte del espectáculo.

Resultó impactante el momento del izado de la bandera donde una *performer portabandera* descendia desde la punta del Obelisco mientras Angela Torres cantaba el himno nacional en una cápsula con leds de colores azul y blanco con un sol amarillo, que se encendían y apagaban al ritmo musical.

De la calle al mundo

Para la presentación de las disciplinas se utilizó tanto el Obelisco como las plataformas móviles. El mapping del patinaje mostraba una escala cromática donde los *performers-patinadores* se deslizaban desde la punta del Obelisco realizando un movimiento de zigzag formando diferentes figuras. Para el ciclismo la proyección era una bicisenda, con marcaciones viales y en las paredes laterales se hacía una alegoría planetaria, su profundidad marítima y geológica, mostrando lo que guarda en su interior y el paso del tiempo. Estas bicicletas tenían una técnica compleja y esmerada, producto de la imaginación y la destreza de Alejandro García mediante la utilización de motores que las accionaban, creando la ilusión del pedaleo. Las bicicletas estaban montadas por tres performers y dos muñecos mecánicos coordinados con la música y realizando otro tipo de zig-zag y movimientos pendulares sobre tres caras del Obelisco.

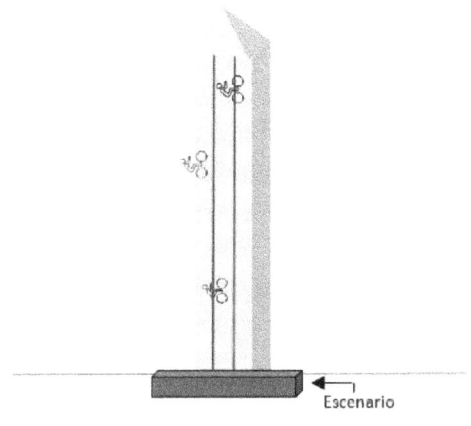

Una proyección distinta tenían los corredores de atletismo, compuesta por pequeñas formas del propio obelisco que, tomando en esta oportunidad un color ladrillo, iban formando la pista. Esta imagen descomponía el color en pedazos cuando los performers caían, para rearmarse sincronizadamente, cuando se levantaban y seguían corriendo.

Para la disciplina de remo, se utilizó un fondo muy poético como de la profundidad marina formando un espejo de agua donde nadaban peces y grandes ballenas que jugaban alegóricamente con los *performers-remeros*.

Dentro de las carrozas móviles resulta notable destacar la plataforma creada para las disciplinas acrobáticas, donde *performers-gimnastas* daban saltos ornamentales, bailaban rap, break dance, etc. Esta carroza representaba una calle con sus indicaciones y senda peatonal.

La bienvenida a los atletas que ingresaban por una especie de "arco de triunfo" eran recibidos con cajas que se rompían sobre ellos mientras caían papelitos, remitiendo a un signo tradicional de *Fuerza Bruta*.

En lo alto de la 9 de Julio, los cinco aros olímpicos que estaban sostenidos por una grúa desde atrás del Obelisco (del lado de Cerrito) se desplazaban iluminados por led tirando chispas y vapor, hacia el lado del escenario principal girando con los *performers* que realizaban juegos acrobáticos mientras arengaban a los atletas, para terminar sobre sus cabezas.

Uno de los momentos de emoción e impacto visual fue la aparición de la globa de aire, en la que se proyectaban imágenes urbanas y bucólicas que, mediante una iluminación interna de led, subrayaban el mensaje sobre lo ecológico y el cuidado del ambiente, tomando en cuenta lo universal del evento. Otro instante mágico fue el emplazamiento de los aros Olímpicos con sus efectos de agua y humo mientras evolucionan los acróbatas y acentuaban la evocación olímpica.

Todo este trabajo no solo buscaba el impacto visual y sonoro en los espectadores, sino que también se procuró y consiguió la comodidad, soltura y afirmación en los performers. Seguramente hubo que calcular el impacto del viento al que iban a estar expuestos y de esta manera lograr un trabajo que conjugaba la ciencia y el arte. La condición de cuidado de los actores y espectadores, que es una de las premisas más importantes del grupo, en este caso que se trabajó al aire libre se hicieron extremas.

En *Olímpicos* el grupo no solamente se dirige a sus seguidores, sino que de la misma forma que en *Bicentenario* apunta a una población que incluye a jóvenes y público en general. En el espectáculo en sí hay un grato aumento de la función poética y espectacular. Como ya es característico en su estética hay una amalgama armónica entre los *afectos* y los *efectos*.

De la calle al mundo

Lo que se dijo de Fuerza Bruta

Hace muchos años cuando conocimos *Fuerza Bruta*, nos contaba el diario *Infobae* que "con entradas agotadas desde hace varias semanas y doce actores en escena, "Fuerzabruta" (que todavía se escribía todo junto) se presentará en una enorme carpa con capacidad para mil espectadores montada especialmente para la obra junto a la Facultad de Derecho de Buenos Aires". Explicaba en la entrevista el director del grupo Diqui James: "*Fuerzabruta* es algo así como la materia prima de la fuerza y nos gustó ponerlo así, todo junto, como si fuese una sola palabra y una sola cosa". Continúa diciendo: "lo que cambia es que generamos la acción a partir de escenografías y no del cuerpo en el espacio" (19-5-2005).

Esta presentación es un gran estímulo y disparador para todo el grupo y sobre todo los perfila como una agrupación de gran impacto en el público. No parece un tema menor hacer notar que es durante este período que pasan de ser *Fuerzabruta*, a *Fuerza Bruta*, dada la gran cantidad de notas y reportajes que los nombraba así, con dos palabras. Estos sucesos se replican en varias ciudades del exterior, donde realizan presentaciones, y al volver a la Argentina son convocados para componer el desfile en conmemoración del Bicentenario de la Revolución de Mayo.

Mientras hacíamos nuestra selección sobre lo que los medios dijeron acerca del desfile nos encontramos con dos dificultades. La primera se presentó durante la búsqueda en las páginas de internet de los diarios, en las cuales no aparecían los festejos del 25 de mayo sino los del Bicentenario de la Independencia, es decir los realizados en 2016 por el gobierno del Presidente Mauricio Macri y no el desfile del 2010. En alguna de las páginas no aparecían ni la portada del diario ni las notas, por ejemplo, en el caso de *Clarín*, por lo que se tuvo que intensificar la búsqueda. La segunda dificultad surge en la obligada intensificación donde no encontramos en forma fluida notas sobre el Desfile y sí muchas referidas a lo realizado en la plaza de mayo, el Tedeum de la Catedral y el festejo de la ciudad en el Teatro Colón, así como también notas previas a la Conmemoración. Fue sorpresivo para nosotras encontrarnos con estas recopilaciones parciales, "confusiones" de notas y de fechas de eventos que evidencian la tendenciosidad de los medios en nuestra coyuntura histórica. En cuanto a los diarios tomaremos: *La Nación, Clarín, Página 12, Popular, Crónica* y del exterior la versión digital de *BBC Londres*.

La Nación realiza varios artículos durante la semana de mayo en los que su impronta está puesta en poner en duda la existencia de la revolución, esto se manifiesta ya desde el título de la nota: *Mayo, una revolución inconclusa*. La semántica que emana de la totalidad de los artículos impulsa una deshistorización de la historia nacional, de tendencia conservadora y elitista, resaltando la importancia de un país desindustrializado productor de materia prima. Menciona nombres como Alberdi, Sarmiento, Mitre y Gorostiaga, entre otros. Sin nombrar a nuestros patriotas, incluyéndolos bajo el apelativo "hombres de la Asociación de Mayo". En cuanto al espectáculo realizado por *Fuerza Bruta* menciona: "el desfile que deslumbró a millones" (…) "show sin precedentes que marcó el clímax de la masiva celebración".

Resulta notable que, en el mismo diario, el 10 de julio de 2010, aparece una nota referida al festejo del aniversario de la Declaración de la Independencia que se realizó en Tucumán, donde se menciona que los Kirchner bailaron en público reviviendo parte del show que se organizó para el 25 de Mayo. Esto corrobora la intencionalidad que destacamos en nuestro párrafo anterior. El artículo en su semántica encierra un plus, más allá de lo conmemorativo, sugiriendo una propaganda tendenciosa camino a las elecciones.

La tapa del Diario *Página 12* del 26 de mayo de 2010 titula "Canción con todos", refiriéndose a la canción de Mercedes Sosa que fue bandera musical derrumbando las barreras de la férrea dictadura del '76. Esta edición presenta conjuntamente *Mi bicentenario*, un suplemento aniversario especial y acompañando un regalo para los lectores: *Memorias del Fuego* de Eduardo Galeano. En las notas internas se destaca el valor conmemorativo del desfile hablando de *una caminata latinoamericana*. Carlos Rodríguez, en su artículo expresa que el recorrido escénico de los 200 años tuvo "un despliegue técnico y artístico nunca visto".

De la calle al mundo

Popular y Crónica celebran el júbilo de la fiesta popular. Estos medios gráficos se congratulan, reconocen el festejo, relatan la grandiosidad, la precisión y el desempeño para representar diferentes pedacitos de nuestra historia, sus momentos culminantes donde están representados casi todos los sectores sociales, como así también, no se olvidaron de incluir a los argentinos residentes en el exterior.

Desde el exterior, *BBC mundo*, del 26 de mayo de 2010, destaca la magnitud de los festejos, cita palabras de la Presidenta Cristina Fernández de Kirchner y expresa: "tras cinco días de conciertos y desfiles, el cierre en Buenos Aires estuvo a cargo de la vanguardista compañía teatral *Fuerza Bruta*, con 2.000 actores en escena".

Desde el análisis de las notas precedentes pueden vislumbrarse algunas conclusiones. El sistema mediático gráfico global trató de minimizar el Festejo, más allá de que fue transmitido en vivo por la Televisión Pública. Rescatan todos los medios el número de artistas que participaron, así como también la enorme cantidad de público asistente. Muchos de los cronistas se basan en los mismos datos, que parecen extraídos de una gacetilla de prensa general. Mencionan las fotos sobre el cabildo, la caminata de los presidentes, lo exuberante y la magnificencia de la representación. Describen algunas de las carrozas dejando de lado la semántica del desfile y sin nombrar a todas. Es notable que ninguno haga mención a despliegues imponentes como fueron la carroza de la industria ni la del futuro.

Ya en el 2011, ante el estreno de *Fuerza Bruta Wayra Tour* nuevamente James habla con los medios, esta vez con el periodista Facundo García de *Página 12 Cultura*: "(...)nosotros ya veníamos con fuertes sospechas que lo que más garpa es mostrar aquello de lo que estamos hechos. Fusionamos lo ancestral con la electrónica y con otras deformidades por ahora secretas" (...) ¡Es una gira! Pero como me insistían con "tour" y dale con "tour", respondí "okey, te acepto 'tour', pero le ponemos al lado una palabra en quechua". "Wayra" me vino genial. Quedó Fuerzabruta Wayra Tour. Tres idiomas en una misma oración".

En este espectáculo se desarrolla una propuesta para dos tipos de destinatarios: aquellos que van al campo para participar con el cuerpo y los sentidos y los otros que pueden verlo cómodamente sentados en una butaca. El grupo busca con esta diferenciación ampliar la franja de espectadores, así como también que puedan volver y verlo desde la otra opción.

Resulta interesante consignar que el grupo siempre tuvo presente el recuerdo acuñado en los 80 sobre la afirmación de europeos y estadounidenses acerca de la imposibilidad para ellos de realizar su propuesta. Por lo tanto, buscaron otros espacios externos, al no encontrarlos pusieron la mirada hacia adentro. De esa forma la retroalimentación los llevó a un código latinoamericano.

El periodista Sebastián Espósito del diario *La Nación* ubica al grupo dentro de una dimensión construida en lo lúdico-espacial, ahora mucho más abarcativa ya que se construye desde un volumen mayor al que venían trabajando.

En lo que se refiere a los *Juegos Olímpicos de la Juventud,* los cuatro diarios *principales* de Buenos Aires (*Página 12, Clarín, La Nación y Crónica*) hicieron hincapié en una descripción de la propuesta marcando las diferencias con las Ceremonias de Apertura tradicionales y no deteniéndose en lo deslumbrante y notable de la estética del espectáculo. Como también nombraron a los atletas más reconocidos, sin reparar en los aspectos más creativos de la Apertura, resignificando en su nominación los aros olímpicos, el pebetero, la antorcha y los abanderados, símbolos clásicos de los Juegos. Salvo algunas menciones al Obelisco, al tango y al espacio abierto en la ciudad no realizan un mayor detalle de la deslumbrante puesta de *Fuerza Bruta*. Lo más destacable en las críticas es la uniformidad de criterios para la realización de las notas en los diferentes medios. Resulta significativo que la crítica incluyó las reseñas del espectáculo en la Sección "Deportes", aunque es menester aclarar que el *Diario Crónica* fue el único que lo ubicó en la Sección "Sociedad". En lo que hace al aspecto ideológico de la nota a pesar de sus similitudes sólo *Crónica* y *Página 12* hacen referencia al costo del evento, mientras que los otros no mencionaron nada al respecto.

Sobre *Fuerza Bruta* hay que decir, sobre todo, que se caracterizan por la utilización de los medios virtuales para comunicarse con su público y seguidores y esto fue reconocido en entrevistas tanto de prensa como radiales y televisivas.

De la calle al mundo

Desde los ojos de los otros

> Ya no estamos solo frente a un "hecho tecnológico" sino a profundos cambios de todas las prácticas culturales de memoria, de saber, de imaginación y creación, que nos introducen en una mutación de la sensibilidad
>
> *Martín Barbero. 2003*

Teniendo como premisa el epígrafe de Martín Barbero, en este apartado analizaremos algunas intersecciones de los espectáculos para internarnos en los aspectos extra teatrales del consumo de *Fuerza Bruta*. Tomamos para esto *Wayra, Bicentenario y Olímpicos*. El recorte que haremos será sobre la propuesta espectacular, el *merchandising* y las inducciones al consumo que significan modificaciones y movimientos durante el avance de su trayectoria en este tipo de producciones.

En lo referente a *Wayra* se instala en el emplazamiento geográfico del Centro Cultural Recoleta, que dentro la ciudad es una zona valorizada y de fácil acceso, con ofertas de consumo cultural numerosas. Entre ellas destacaremos los shoppings, los Museos, las visitas guiadas a diferentes edificios emblemáticos, restaurantes, confiterías y la feria artesanal. De esta forma el Centro se yergue en su tradición de puestas de ruptura, innovación y experimentación.

En ese aspecto el espacio de representación estaba apartado de la estructura usual del Centro Cultural, debiendo construirse especialmente para albergar este tipo de espectáculos; iniciándose en 1995 para *Villa Villa*. Por sus características sería imposible su realización en los patios, la capilla o los pasillos. Incluso para el cobro de las entradas había una taquilla especial para *Wayra*. El lugar del público antes del ingreso se situaba en el pasillo central del Recoleta. Habilitado el ingreso a la sala, se entraba al hall donde se encontraba el guardarropa y de allí se accedía al vestíbulo de recepción o al patio. La carpa propiamente dicha estaba rodeada por el vestíbulo, donde se exponían fotos del espectáculo, lugares de venta de indumentaria y cafetería. Desde ese lugar se podía acceder al patio abierto, espacio para esperar, fumar y/o tomar algo.

Archivo de las autoras

En la encuesta que realizamos, transmitimos a los espectadores algunos interrogantes referidos a la búsqueda de este tipo de propuestas. En las respuestas encontramos, entre otras especificaciones, que mayoritariamente lo fundamental era la posibilidad de participar. Pudimos de esta manera verificar que el espectáculo cumple con una de las expectativas al asistir a este tipo de eventos, donde esa participación consiste en: bailar, mojarse, cambiar de lugar, tocar ciertos elementos de la puesta, ser subido al arnés, etc. Es decir, que el espectador tiene un rol activo, de consumo no solamente espectatorial.

Otra vertiente importante del consumo era la que constituía la música. *Wayra* proponía un espectáculo "teatral" donde se permitía bailar al público, integrado por jóvenes buscando movimiento, sonido y otras posibilidades. Para las últimas funciones del día, era posible que el baile continuara luego de finalizada la puesta, con la participación de un DJ.

Respecto a la producción en sí, es evidente que está elaborada para cumplir con los cánones de las obras que participan en circuitos internacionales. La propuesta fue útil para aquel momento de gran movimiento de espectadores en una cultura mundializada. Como expresa James "Lo impresionante fue que cuando surgió la posibilidad de salir al exterior periódicamente, chabones que habían crecido en una cultura radicalmente distinta nos entendían en dos segundos" (Facundo García, 2011; *Página 12 Cultura*). Por eso, no se habla ningún idioma, aunque existe una referencia nominal, como es el caso del vocablo quechua "wayra". Es principalmente corporal y marcadamente visual. Los recursos técnicos utilizados, como por ejemplo los arneses, se podrían usar en cualquier lugar y por cualquier elenco, así como también presentaba la posibilidad de trasladarlo de un espacio a otro. Al existir estas mínimas referencias nacionales, el tipo humano se extiende al "prototipo universal", un nosotros en cualquier lugar. Un espectáculo "glocal" - global y local - en el sentido que plantea Renato Ortíz (1996).

Más allá del espectáculo en sí mismo, en él se presentaban varias ofertas de consumo; remeras negras con la inscripción *Fuerza Bruta* en blanco, que actuaban como marca y emblema. Así como también, la venta de bebidas y de manera frecuente el uso del guardarropa, que le permitía a los espectadores estar más libres para la participación. Existía, además, un panel con inscripciones de *Fuerza bruta*, para usar como fondo ante la sugerencia espacio localizada para sacar la *selfie* y compartirla en las redes sociales. Esas fotos una vez circuladas en las redes eran inductoras de consumo, de espectadores y espectáculo.

Archivo de las autoras

Respecto al consumo de los cuerpos, *performers*, acróbatas, bailarines y público, es posible observar un rubro que tiene cada vez mayor cantidad de consumidores/cultores producto de un hedonismo social creciente. El advenimiento de las formas electroinformáticas influenciaron de manera directa para que el cuerpo se convirtiera en consumo en sí mismo. Desde este punto de vista en *Wayra* podemos ver: la destreza física, con su respectiva admiración y la posible emulación por otros medios, también la posibilidad del espectador de mostrarse, mirarse y ser mirado, fotografiado. Aparece presente la necesidad corporal de contacto: entre la gente y entre ésta y los *performers*. En las expectativas del imaginario del espectador aparecería el posible encuentro con el otro y su propia promoción. A partir de sacarse la *selfie*, de fotografiar el espectáculo estimulaba la circulación de esas imágenes y al tratarse de una puesta que se realizaba y posiblemente se realizará en otras metrópolis del mundo, homologa a los espectadores en una franja mediática mundial.

En lo que hace a los recorridos que el grupo habilita en su página web (https://fuerzabrutaglobal.com/es/) y su proyección, en las que se difunde y promueve su producción artística tanto en los niveles locales como globales. Para este intercambio en la comunicación vía internet utiliza su página web bilingüe, en inglés y español, además de ocupar las redes sociales y aplicaciones como Twitter, Instagram, Facebook, YouTube, Spotify, YouTube Music y Deezer. En la página web hay un predominio de la imagen con fotos y videos de los espectáculos que invitan a ir a verlos por medio de una estética singular y esmerado logro visual de las imágenes seleccionadas. La presentación de la página es semejante a la del espectáculo: cuidadoso, preciso e impactante, funciona como promoción de sus presentaciones en las diferentes ciudades y países. Existen varias formas de entrada como inducción a los comentarios de los visitantes, que expresen sus expectativas, sensaciones y experiencias. Es importante señalar que en cada edición se promociona el espectáculo y muchas veces se invita a verlo en la próxima ciudad en la que se producirá. Es menester recordar que una de las premisas de este grupo es abarcar en sus itinerarios las mayores ciudades del mundo, *Wayra* se ha representado hasta el momento en 34 países y 58 ciudades. Sus creadores/directores se presentan en la página con sus nombres y funciones. (Diqui James, Creador y Director Artístico; Gaby Kerpel, Director Musical y compositor; Fabio D´Aquila: Coordinador general; Alejandro García: Director Técnico).

Para la puesta del *Bicentenario* el consumo del espectáculo fue de participación nacional, de manera hiper masiva desde lo presencial y también a través de la trasmisión directa televisiva. A su vez, fragmentos de esta transmisión fueron subidos en la web donde aún continúan circulando. En lo que refiere a los *Juegos Olímpicos de la Juventud* se produjo una variación expresiva ya que la temática y trascendencia es mundial, aunque se ancló en la ciudad de Buenos Aires centrándose en lo local. En cuanto a su consumo estuvo más restringido al ámbito deportivo universal y extendió las participaciones performáticas y artísticas hacia referentes extranjeros. En lugar de estar centrado en la memoria, como es el caso de *Bicentenario*, *Olímpicos* estuvo referido a lo juvenil, apuntando directamente a códigos estéticos, vivenciales y discursivos de los consumos de los jóvenes.

Desde este lugar nuestra visión es que *Fuerza Bruta* contribuyó a la situación de consumo mundial porque se convirtió en metáfora del mundo pre-COVID 19. En medio de la pandemia podemos llegar a pensar que esta inducción al consumo de participación humana directa sería impensable y podríamos animarnos a presagiar para un futuro inmediato que este grupo tenderá hacia producciones de tipo remotas. Mientras finalizamos nuestro análisis nos hemos enterado que en este año el Grupo presentará *Wayra* por *streaming*.

De la calle al mundo

Palabras finales

Este trabajo llevó cuatro años de investigación intensa e independiente respondiendo a nuestra manifiesta voluntad de reflexionar sobre acontecimientos artísticos contemporáneos y fijar nuestra opinión acerca de las nuevas formas expresivas. Queríamos abordar lo alegórico testimonial desde un lenguaje multisensorial, que en el período pre-pandémico era consumido masivamente.

También es necesario manifestar como una determinación mayúscula la profusión de lo tecnológico que determina y estructura las puestas, donde las acciones que conforman las escenas nos remiten a las continuas fragmentaciones mediáticas. Ahora más que nunca, la tecnología ha adquirido un mayor protagonismo en lo cotidiano, laboral, educativo y en las expresiones estéticas. Produjo semánticas múltiples entre lo individual y lo público, así como también entre lo institucional y lo social y entre las relaciones intergenéricas e intersectoriales. En esta alianza entre lo tecnológico y lo espectacular el mensaje de *Fuerza Bruta* se integra a los contenidos ecológicos transmitiendo también la idea de sustentabilidad.

La capacidad semántica de los signos de *Fuerza Bruta* por un lado multiplica las posibilidades de sentidos y por otro lo restringen. Esta amplitud hermenéutica le da características poéticas pero esa misma posibilidad aumenta las bisemias conceptuales y genera sentidos antagónicos en las interpretaciones.

De los análisis realizados surge una premisa fundamental que la impronta de *Fuerza Bruta* se vuelve modelo de la representación para las marchas y manifestaciones, marcando un antes y un después e influenciando a decenas de agrupaciones.

Bibliografía

De la calle al mundo

Libros:

Aisemberg, Alicia - Libonati, Adriana. "Contexto sociohistórico. Campo de poder y teatro" en *Historia del Teatro Argentino en Buenos Aires. Volumen 1. El período de constitución. 1700-1884.* Pellettieri, Osvaldo, Director. Grupo Editorial Galerna, 2005, pp. 143 a 159.

---. "La dramaturgia emergente en Buenos Aires (1990-2000), en *Teatro argentino del 2000.* Osvaldo Pellettieri Ed. Galerna Fundación Roberto Artl, 2000, pp. 77 a 88.

---. "Otras Tendencias" en *Historia del Teatro argentino en Buenos Aires. El teatro actual (1976-1998).* Galerna, 2001, pp. 476 a 486.

Artaud, Antonin. *El teatro y su doble.* Editorial Sudamericana. Segunda reimpresión, 1987.

Bourriaud, Nicolás. *Estética relacional.* Adriana Hidalgo Editora, 2017.

Castagnino, Raúl H. *El circo criollo.* Plus Ultra, 1969.

Circosta, Carina. "Del Indigenismo a la Emergencia indígena: Cultura; identidad y producción simbólica", en *Arte y Cultura en los debates latinoamericanos.* Editor: Claudio Fernando Lobeto, 2018.

Deleuze, Gilles y Guattari, Felix. *Mil mesetas.* Pre-textos, 1997.

De Marinis, Marco. *Semiótica del teatro. L´analisi Testuale Dello Spettacolo.* Bompiani, 1982.

---. *Drammaturgia Dell'attore.* 1 Cuaderni del Battelo. Ebbro, 1997.

De Toro, Fernando. *Semiótica del Teatro. Del texto a la puesta en escena.* Editorial Galerna, 1987.

Díaz, Silvina – Adriana Libonati. *De la crisis a la resistencia creativa. El teatro en Buenos Aires entre 2000 y 2010.* Ricardo Vergara Ediciones. 2015.

---. *Teatro en democracia. Innovación y compromiso social. La escena de los '80 en Buenos Aires.* Ricardo Vergara Ediciones, 2014.

---. *Metáforas escénicas y discursos sociales. Reflexiones sobre el teatro en el debate cultural.* Ricardo Vergara Ediciones, 2013.

Dubatti, Jorge. *Introducción a los estudios teatrales. Propedeútica.* Atuel, 2012.

---. (Comp.) *El teatro de grupos, compañías y otras formaciones (1983-2002).* CC Cooperación, 2003.

Fernández de Kirchner, Cristina. *Sinceramente*. Editorial Sudamericana, 2019.

Fischer-Lichte, E. *Semiótica teatral*. Arco, 1999.

---. *Estética de lo performativo*. Abada ediciones, 2011.

Garavaglia, Juan Carlos. *Construir el Estado, inventar la Nación. El Río de la Plata, siglos XVIII - XIX*. Prometeo Libros, 2007.

González, Malala. *La organización Negra. Performances urbanas entre la vanguardia y el espectáculo*. Interzona, 2005.

González Bernaldo de Quiróz, Pilar. "Vida privada y vínculos comunitarios: formas de sociabilidad popular en Buenos Aires, primera mitad del Siglo XIX", en Devoto, Fernando y Madero, Marta. *Historia de la vida privada en la Argentina. País antiguo. De la colonia a 1870*. Taurus, 1999, pp. 147 a 167.

Jakobson, Roman. *Lingüística y poética*. Cátedra, 1981.

Klein, Teodoro. *El actor en el río de la Plata. De la colonia a la independencia nacional*. Ediciones Asociación Argentina de Actores, 1984.

---. *El actor en el río de la Plata II. De Casacuberta a los Podestá*. Ediciones Asociación Argentina de Actores, 1984.

Lehmann, Hans-Thies. *Teatro postdramático*. Editorial CENDEAC, 2013.

Lyotard, Jean Francoise. *Moralidades posmodernas*. Trad. Agustín Izquierdo. Tecnos, 1993.

Martel, Frédéric. *Cultura Mainstream*. Taurus, 2014.

Martín-Barbero, Jesús. *La educación desde la comunicación*. Grupo Editorial Norma, 2003.

Mogliani; Laura - Sanz; Maria de los Ángeles. "Circo, Títeres y Volatineros" en *Historia del Teatro Argentino en Buenos Aires. Volumen 1. El período de constitución. 1700-1884*. Pellettieri, Osvaldo, Director. Grupo Editorial Galerna, 2005, pp. 130 a 139.

Ortíz, Renato. *Otro territorio. Ensayo sobre el mundo contemporáneo*. Universidad Nacional de Quilmes, 1996.

Pellettieri, Osvaldo. "Introducción: para una historia del Teatro Argentino en Buenos Aires", en *Historia del Teatro Argentino en Buenos Aires. Volumen 1. Período de constitución (1799-1884)*. Editorial Galerna, 2005, pp. 15 a 43.

Pellettieri, Osvaldo - Rovner, Eduardo. Ed. *La puesta en escena latinoamérica: teoría y práctica teatral.* Galerna, 1995.

Seibel, Beatríz. *Historia del Teatro Argentino. Desde los rituales hasta 1930.* Ediciones Corregidor, 2002.

---. *Historia del circo.* Ediciones del sol, 1993.

---. *De ninfas a capitanas.* Editorial Legasa, 1990.

Trastoy, B., Zayas de Lima, P. *Los lenguajes no verbales en el teatro argentino.* Universidad de Buenos Aires, 1997.

Trastoy, Beatriz. *La escena posdramática. Ensayos sobre la autoreferencialidad.* Editorial Libretto, 2018.

Williams, Raymond. *Marxismo y literatura.* Ediciones Península, 1997.

Zayas de Lima, Perla. "Formas parateatrales. El carnaval y la fiesta", en Pellettieri, Osvaldo. *Historia del Teatro Argentino en Buenos Aires. Volumen 1. Período de constitución (1799-1884).* Editorial Galerna, 2005, pp. 264 a 269.

Diarios y Revistas

Amalfitano, Pablo. "Fiesta Olímpica". En: *Diario Página 12.* Deportes. 6 de octubre de 2018. https://www.pagina12.com.ar/147041-fiesta-olimpica Consultado el 22/02/2021.

Baigorria, Nélida. "Mayo, una revolución inconclusa", en *Diario La Nación.* Opinión https://www.lanacion.com.ar/opinion/mayo-una-revolucion-inconclusa-nid1268015 Consultado el 22/08/2019.

Cibeira, Fernando. "Una caminata Latinoamericana", en: *Diario Página 12*, 26 de mayo de 2010. https://www.pagina12.com.ar/diario/el-pais/subnotas/1-47002-2010-05-26.html Consultado el 22/08/2019.

Clemente, Sebastían. "De la Guarda prepara su nuevo espectáculo". En Diario *La Nación,* 1998, 27/03/98.

Diario Clarín. Espectáculos. "Los que pisan sin suelo" 10 de octubre del 2007.*https://www.clarin.com/espectaculos/fuerza-bruta-pisan-suelo_0_BJI7mIJy0Yx.html?fbclid=IwAR0RUxYPOv_tnMr7psd_JN*

BEU2kRJZ5ISOkl3GTMyhQPIEYM59G3biOO-9o Consultado el 23/08/2020.

Diario Clarín "Bicentenario, Festejo histórico más allá de las diferencias". 26 de mayo de 2010. https://www.clarin.com/ultimo-momento/bicentenario-festejo-historico-alla-diferencias_0_H1MZrSICTYx.html Consultado el 22/08/2019.

Diario Clarín. Deportes "Buenos Aires Olímpica. Impactante show de Fuerza Bruta en la ceremonia inaugural de los Juegos de la Juventud". 6 de octubre de 2018. https://www.clarin.com/deportes/impactante-show-fuerza-bruta-ceremonia-inaugural-juegos-juventud_0_-0GkobW1E.html. Consultado 22/02/2021.

Diario Clarín. Ciudades. "La apertura de los Juegos Olímpicos de la Juventud Impresionante Show de sonidos y colores en el Obelisco". 6 de octubre de 2018. https://www.clarin.com/deportes/impactante-show-fuerza-bruta-ceremonia-inaugural-juegos-juventud_0_-0GkobW1E.html. Consultado el 22/02/2021.

Diario Crónica. Sociedad. "Buenos Aires ya vibra con la tercera edición de los Juegos Olímpicos de la Juventud". 7 de octubre de 2018. *https://diariocronica.com.ar/529410-buenos-aires-ya-vibra-con-la-tercera-edicion-de-los-juegos-olimpicos-de-la-juventud.html*. Consultado el 22/02/2021.

Diario La Nación. Política. "Una pelea política opaca el festejo del bicentenario". 21 de mayo de 2010. https://www.lanacion.com.ar/politica/una-pelea-politica-opaca-el-festejo-del-bicentenario-nid1267086 Consultado el 22/08/2019.

Diario La Nación. Cultura. "Preguntas en el bicentenario". 22 de mayo de 2010. https://www.lanacion.com.ar/cultura/preguntas-en-el-bicentenario-nid1265945 Consultado el 22/08/2019.

Diario La Nación. Política. "Una multitud eufórica celebró el bicentenario de la patria". 25 de mayo de 2010. https://www.lanacion.com.ar/politica/una-multitud-euforica-celebro-el-bicentenario-de-la-patria-nid1268263 Consultado el 22/08/2019.

Diario La Nación. Política. "Con nostalgias del bicentenario". 10 de julio de 2010. https://www.lanacion.com.ar/politica/con-nostalgias-del-bicentenario-nid1283374 Consultado el 22/08/2019.

Diario Página 12. Suplemento No. "Fuerza Bruta lo que viene". 29 de julio de 2004. *https://www.pagina12.com.ar/diario/suplementos/no/subnotas/1295-297-2004-07-29.html* Consultado el 01/09/2020.

Espósito Sebastián, *Diario La Nación*. Espectáculos. Teatro. 17 de junio de 2011.https://www.lanacion.com.ar/espectaculos/teatro/primer-plano-peribit-fils-5x1n158tourwayra-nid1382094/?fbclid=IwAR0RUxYPOv_tnMr7psd_JNBEU2kRJZ5ISOkl3GTMyhQPIEYM59G3biOO-9o Consultado el 7/09/2020.

Gorlero, Pablo. *Diario La nación*. Espectáculos. Teatro. "El teatro que se cuelga y vuela". 24 de febrero de 2006. *https://www.lanacion.com.ar/espectaculos/teatro/el-teatro-que-se-cuelga-y-vuela-nid783271/* Consultado el 01/09/2020.

García, Facundo. *Diario Página 12*. Espectáculos. "Diqui James habla de Wayra Tour, el nuevo trabajo de Fuerza Bruta". 15 de junio de 2011. https://www.pagina12.com.ar/diario/suplementos/espectaculos/10-22005-2011-06-15.html Consultado el 01/09/2020.

Infobae. "Fuerzabruta, un estreno con sabor a De la Guarda". 19 de mayo de 2005. https://www.infobae.com/2005/05/19/184626-fuerzabruta-un-estreno-sabor-la-guarda/ Consultado el 01/09/2020.

León Brázquez, Vicente. "Müller, un clásico del futuro. Jornadas sobre Heiner Müller en el Teatro Pradillo. En: Revista *Primer Acto. Cuadernos de Investigación Teatral*. N° 264. Círculo de Bellas Artes, 1996, pp. 111 a 116.

Mira, Cristian. "Ideas olvidadas de la revolución de mayo", en *Diario La Nación*. Economía https://www.lanacion.com.ar/economia/campo/ideas-olvidadas-de-la-revolucion-de-mayo-nid1269521. Consultado el 22/08/2019.

Müller, Heiner. En Revista *Primer Acto. Cuadernos de Investigación Teatral*. N° 226. Círculo de Bellas Artes, 1989, pp. 91 a 97.

Perasso, Valeria. "Argentina celebró fiesta por el Bicentenario" en: *BBC News Mundo*. 26 de mayo de 2010. https://www.bbc.com/mundo/america_latina/2010/05/100526_0405_bicentenario_argentina_cierre_ao Consultado el 22/08/2019.

Planella, Jordi. "Corpografías: dar la palabra al cuerpo". En Revista electrónica *Artnodes*, N°6, www.uoc.edu/artnodes, 2006.

Riechman, Jorge. "Heiner Müller: Teatro contra barbarie. Presentación de un autor incómodo". En Revista *Primer Acto. Cuadernos de Investigación Teatral*. N° 221. Círculo de Bellas Artes, 1987, pp. 41 a 85.

Rocha, Laura. "El desfile que deslumbró a millones" en: Diario *La Nación*. 26 de mayo de 2010. https://www.lanacion.com.ar/politica/el-desfile-que-deslumbro-a-millones-nid1268722 Consultado el 22/08/2019.

Vergara, Fernando. "Juegos Olímpicos de la Juventud. Así se vivió la ceremonia inaugural en pleno centro porteño". *Diario La Nación*. Deportes. 3 de octubre de 2018. *https://www.lanacion.com.ar/deportes/juegos-olimpicos-juventud-ceremonia-inaugural-fotos-nid2179229* Consultado el 22/02/2021.

Páginas webs:

http://www.alternativateatral.com/obra4766-fuerza-bruta Consultada el 21/04/18.

TN 26 de mayo de 2010 https://tn.com.ar/show/basicas/fuerzabruta-ofrecio-un-show-espectacular-en-la-9-de-julio_35879 Consultado el 22/08/2019.

https://misionesonline.net/2018/10/06/impresionante-show-sonidos-colores-quedaron-inaugurados-los-juegos-olimpicos-la-juventud-buenos-aires-2018/ Consultado el 22/01/2021.

https://www.zensei.com.ar/casos/apertura-juegos-olimpicos-de-la-juventud Consultado el 22/01/2021.

Revistas Web:

Encina Lanús, Mariela. "De la Guarda. Un grupo de teatro que conquistó el planeta". En Revista virtual MDZ, https://www.mdzol.com/nota/23571-de-la-guarda-un-grupo-de-teatro-que-conquisto-el-planeta/ 2007. Consultado el 21/04/18.

https://elespectadorcompulsivo.wordpress.com/2013/05/30/teatro-fuerza-bruta/ Consultado el 16-09-2016.

La política online. 26 de mayo de 2010. "Bicentenario: Kirchner; Macri y una sociedad que camina en paralelo". https://www.lapoliticaonline.com/nota/nota-65754/ Consultado el 21/04/18.

Films:

Chaplin, Charles. *Tiempos modernos*. EEUU. United Artists. Reparto: Charles Chaplin, Paulette Goddard, Henry Bergman. 1936.

Otras publicaciones de Argus-*a*:

Laura López Fernández y Luis Mora-Ballesteros (Coords.)
Transgresiones en las letras iberoamericanas:
visiones del lenguaje poético

María Natacha Koss
Mitos y territorios teatrales

Mary Anne Junqueira
A toda vela
El viaje científico de los Estados Unidos:
U.S. Exploring Expedition (1838-1842)

Lyu Xiaoxiao
La fraseología de la alimentación y gastronomía en español.
Léxico y contenido metafórico

Gustavo Geirola
Grotowski soy yo.
Una lectura para la praxis teatral en tiempos de catástrofe

Alicia Montes y María Cristina Ares, comps.
Cuerpo y violencia. De la inermidad a la heterotopía

Gustavo Geirola, comp.
Elocuencia del cuerpo.
Ensayos en homenaje a Isabel Sarli

Lola Proaño Gómez
Poética, Política y Ruptura.
La Revolución Argentina (1966-73): experimento frustrado
De imposición liberal y "normalización" de la economía

Marcelo Donato
El telón de Picasso

Víctor Díaz Esteves y Rodolfo Hlousek Astudillo
*Semblanzas y discursos de agrupaciones culturales
con bases territoriales en La Araucanía*

Sandra Gasparini
*Las horas nocturnas.
Diez lecturas sobre terror, fantástico y ciencia*

Mario A. Rojas, editor
*Joaquín Murrieta de Brígido Caro.
Un drama inédito del legendario bandido*

Alicia Poderti
Casiopea. Vivir en las redes. Ingeniería lingüística y ciber-espacio

Gustavo Geirola
*Sueño Improvisación. Teatro.
Ensayos sobre la praxis teatral*

Jorge Rosas Godoy y Edith Cerda Osses
*Condición posthistórica o Manifestación poliexpresiva.
Una perturbación sensible*

Alicia Montes y María Cristina Ares
*Política y estética de los cuerpos.
Distribución de lo sensible en la literatura y las artes visuales*

Karina Mauro (Compiladora)
*Artes y producción de conocimiento.
Experiencias de integración de las artes en la universidad*

Jorge Poveda
*La parergonalidad en el teatro.
Deconstrucción del arte de la escena
como coeficiente de sus múltiples encuadramientos*

Gustavo Geirola
El espacio regional del mundo de Hugo Foguet

De la calle al mundo

Domingo Adame y Nicolás Núñez
Transteatro: Entre, a través y más allá del Teatro

Yaima Redonet Sánchez
Un día en el solar, expresión de la cubanidad de Alberto Alonso

Gustavo Geirola
*Dramaturgia de frontera/Dramaturgias del crimen.
A propósito de los teatristas del norte de México*

Virgen Gutiérrez
Mujeres de entre mares. Entrevistas

Ileana Baeza Lope
Sara García: ícono cinematográfico nacional mexicano, abuela y lesbiana

Gustavo Geirola
Teatralidad y experiencia política en América Latina (1957-1977)

Domingo Adame
Más allá de la gesticulación. Ensayos sobre teatro y cultura en México

Alicia Montes y María Cristina Ares (compiladoras)
*Cuerpos presentes. Figuraciones de la muerte, la enfermedad,
la anomalía y el sacrificio.*

Lola Proaño Gómez y Lorena Verzero / Compiladoras y editoras
*Perspectivas políticas de la escena latinoamericana.
Diálogos en tiempo presente*

Gustavo Geirola
*Praxis teatral. Saberes y enseñanza.
Reflexiones a partir del teatro argentino reciente*

Alicia Montes
*De los cuerpos travestis a los cuerpos zombis.
La carne como figura de la historia*

Lola Proaño - Gustavo Geirola
¡Todo a Pulmón! Entrevistas a diez teatristas argentinos

Germán Pitta Bonilla
La nación y sus narrativas corporales.
Fluctuaciones del cuerpo femenino
en la novela sentimental uruguaya del siglo XIX
(1880-1907)

Robert Simon
To A Nação, with Love: The Politics of Language through Angolan Poetry

Jorge Rosas Godoy
Poliexpresión o la des-integración de las formas en/desde
La nueva novela de Juan Luis Martínez

María Elena Elmiger
DUELO: Íntimo. Privado. Público

María Fernández-Lamarque
Espacios posmodernos en la literature latinoamericana contemporánea:
Distopías y heterotopías

Gabriela Abad
Escena y escenarios en la transferencia

Carlos María Alsina
De Stanislavski a Brecht: las acciones físicas.
Teoría y práctica de procedimientos actorales de construcción teatral

Áqis Núcleo de Pesquisas Sobre Processos de Criação Artística
Florianópolis
Falas sobre o coletivo. Entrevistas sobre teatro de grupo

Áqis Núcleo de Pesquisas Sobre Processos de Criação Artística
Florianópolis
Teatro e experiências do real (Quatro Estudos)

De la calle al mundo

Gustavo Geirola
El oriente deseado. Aproximación lacaniana a Rubén Darío.

Gustavo Geirola
Arte y oficio del director teatral en América Latina. Tomo I México - Perú

Gustavo Geirola
*Arte y oficio del director teatral en América Latina.
Tomo II. Argentina – Chile – Paragua – Uruguay*

Gustavo Geirola
*Arte y oficio del director teatral en América Latina.
Tomo III Colombia y Venezuela*

Gustavo Geirola
*Arte y oficio del director teatral en América Latina.
Tomo IV Bolivia - Brasil - Ecuador*

Gustavo Geirola
*Arte y oficio del director teatral en América Latina.
Tomo V. Centroamérica – Estados Unidos*

Gustavo Geirola
*Arte y oficio del director teatral en América Latina.
Tomo VI Cuba- Puerto Rico - República Dominicana*

Gustavo Geirola
*Ensayo teatral, actuación y puesta en escena.
Notas introductorias sobre psicoanálisis
y praxis teatral en Stanislavski*

Argus-*a*
Artes y Humanidades / Arts and Humanities
Los Ángeles – Buenos Aires
2021

www.ingramcontent.com/pod-product-compliance
Lightning Source LLC
Chambersburg PA
CBHW071227160426
43196CB00012B/2443